Bewegungsspiele 50 Plus

Wo Sport Spaß macht

Bärbel Schöttler

Bewegungsspiele 50 Plus

Keine(r) ist zu alt zum Spielen

Meyer & Meyer Verlag

Die Deutsche Bibliothek – CIP Einheitsaufnahme

Schöttler, Bärbel:
Bewegungsspiele 50 PLUS / Bärbel Schöttler.
– Aachen : Meyer und Meyer, 1998
(Wo Sport Spass macht)
ISBN 3-89124-504-1

Olten (CH), Wien (A), Oxford (GB), Québec (CDN),
Lansing/ Michigan (USA), Findon/ Adelaide (AUS),
Auckland (NZ), Sandton/ Johannisburg (ZA)
Titelfoto: Foto Design Agentur Minkus, Isernhagen
Fotos: Foto Design Agentur Minkus, Isernhagen
Grafiken: Lars Banka, Aachen
Grafiken auf Seite 19 u. 36: Grafik-Partner, Werbung und
Computer-Vertriebs GmbH,
Weiterstadt-Gräfenhausen
Umschlaggestaltung: Walter J. Neumann N&N Design-Studio, Aachen
Umschlag- u. Satzbelichtung, Lithos: frw, Reiner Wahlen, Aachen
Lektorat: Dr. Irmgard Jaeger, Aachen
Satz: Stone
Druck: Burg Verlag & Druck, Gastinger GmbH und Co. KG, Stolberg
Printed in Germany
ISBN 3-89124-504-1

Inhaltsverzeichnis

Vorwort

In den beiden letzten Jahrzehnten haben Spiele allgemein eine „Renaissance" erfahren. Haupt-"verursacher" waren sicherlich die New Games-Bewegung der USA sowie die „Spiel-mit-Aktion" des Deutschen Sportbundes.

Wenn es sich vorher für Erwachsene und Ältere nicht „schickte", wie Kinder zu spielen, so haben sicherlich die unzähligen Spielfeste dazu beigetragen, dass Abwandlungen für alle Altersgruppen und selbst für Personen mit gesundheitlichen Handicaps entwickelt und verbreitet wurden.

Die Autorin hatte das große Glück, in der o.a. Zeit als Leiterin der Schwerpunktausbildung „Freizeitstudien/Breitensport" an der Deutschen Sporthochschule Köln im Team mit Studierenden ca. 200 Spielfeste mit zu planen, durchzuführen und zu analysieren. Weiterhin konnten in einem Zeitraum von 28 Jahren in der für die o.a. Studierenden verbindlichen Stunde „Kleine Spiele/Freizeitspiele" und bei vielen Workshops und Lehrgängen der Sport- und Wohlfahrtsverbände Spiele ausprobiert und verändert werden.

In dieser Zeit wurde ein besonderes Augenmerk auf Spiele gelenkt, die auch im Alter noch spielbar sind.

Mein Dank richtet sich an die vielen Gruppen Älterer, an und mit denen wir unsere Ideen bei den semesterbegleitenden Praktika ausprobieren durften.

Der Dank gilt auch den Probanden, die sich von uns für neue Erkenntnisse „quälen" ließen. Im Rahmen zweier Diplomarbeiten durften wir ihnen für die Laktatmessungen Blut abnehmen und telemetrische Herzfrequenzmessungen durchführen, sodass wichtige Ergebnisse zum Thema „Eignung einiger Bewegungsspiele für den Seniorensport" gesichert werden konnten.

Und nicht zuletzt möchte ich allen Studierenden und Übungsleitern danken, die mir Impulse gaben oder deren Ideen im Folgenden an vielen Stellen mit verwendet wurden.

Gerade bei einem Prozess des Spieleabwandelns/-erfindens kann man später oft nicht mehr nachvollziehen, wer mit welchem Anteil an einer neuen Spielidee beteiligt war.

Danken möchte ich aber auch dem Deutschen Turner-Bund, der mir die Gelegenheit gab, diese Spielideen niederzuschreiben. So kann ich nur hoffen, dass Kollegen, Übungsleiter, in der Altenarbeit Tätige, aber vielleicht auch Ältere selbst anregt werden, sie in die Praxis umzusetzen bzw. sie wiederum für ihre ganz spezielle Zielgruppe abzuwandeln.

Zum Schluss habe ich noch eine Bitte an Sie als Leser: Im Anhang finden Sie eine Rückmeldekarte. Es wäre sehr freundlich, wenn Sie sie mir zurücksenden würden. Vielleicht können wir durch Ihre Kritik in einen Dialog treten und durch Ihre Erfahrungen zum Wohle der Älteren noch Veränderungen vornehmen.

Bärbel Schöttler

Braunlage/Harz, Frühjahr 1998

Vorwort eines Vorstandsmitglieds der Bundesarbeitsgemeinschaft der Seniorenorganisationen BAGSO

„Seniorensport" ist nicht gleich „Seniorensport". Das vorliegende Buch zeigt die Unterschiede und weist in differenzierter Form auf vier Leistungsgruppen unter den Senioren hin. Wenn ein älterer Mensch sich entschließt, sich einer Gymnastikgruppe für Senioren anzuschließen, dann macht er nicht selten die Erfahrung, dass die Seniorengruppe wesentlich leistungsstärker ist, als er selbst es noch in jüngeren Jahren war.

Er zieht sich beschämt zurück und gibt alle Vorsätze zur aktiven sportlichen Betätigung auf. Dass dies nicht so sein muss, beschreibt Frau Bärbel Schöttler in diesem Buch, das Übungsleitern und Sportlehrern wie Aktiven gleichermaßen guten Einblick in die unterschiedlichen Leistungsstärken von Seniorinnen und Senioren gibt. Die Hinführung zur richtigen Leistungsgruppe ist aus gesundheitlicher wie aus psychologischer Sicht für das Wohlbefinden der bewegungssuchenden Menschen wesentlich. Darüber hinaus gibt die Autorin Hinweise auf den Einfluss verschiedener Übungsspiele auf das Herz-Kreislauf-System, auf die Sinnesorgane, das Nervensystem und das Skelettsystem.

Das Einschätzen der eigenen Kräfte ist nicht immer einfach. Die Gefahr des sich Überschätzens durch falschen Ehrgeiz liegt auf der Hand. Man sollte aber auch wissen, dass sich die eigene Leistungsfähigkeit durch Übung in jedem Alter steigern lässt und, dass Bewegung nicht nur dem Körper, sondern auch dem Geist bekommt. Es gilt der Grundsatz des „Nihil nocere" – nichts darf schaden. Wer Bedenken hat, kann ärztlichen Rat einholen.

Es ist zu wünschen, dass die Zahl der aktiven Älteren zunimmt. Die wertvollen Anleitungen in diesem Buch werden dazu beitragen, dass Übungsleiter/Sportlehrer wie Sportler und Sportlerinnen lange an regelmäßiger Bewegung Freude haben.

Dr.med Kurt Joussen

Bottrop, im November 1997

Einleitung

Die veränderte Altersstruktur unserer Gesellschaft drückt sich auch zahlenmäßig deutlich in vielen Statistiken der deutschen Sportfachverbände aus. Der Verband mit dem größten Anteil Älterer ist der Deutsche Turner-Bund (DTB). Schon jetzt ist jedes fünfte Mitglied älter als 50 Jahre.

Um für diese Altersgruppe hinsichtlich der Inhalte, Didaktik/Methodik, Organisation, Übungsleiterausbildung u.a. zeitgemäße Programme zu erstellen, wird seit 1996 im DTB das Schwerpunktprogramm „50 Plus" durchgeführt.

Schon seit Turnvater JAHN ist unter „Turnen" nicht nur das „Gerätturnen" zu verstehen, sondern es umfasst neben Gymnastik, Leichtathletik und Schwimmen ***auch Spiele***.

So zählen z.B. Prellball, Faustball, Indiaca und Ringtennis zu den sogenannten „Turnspielen", die im DTB sowohl wettkampfmäßig bis zu Deutschen Meisterschaften als auch in abgewandelter Form „freizeitorientiert" betrieben werden.

Abwandlungen vieler Spiele und besonders der „Sportspiele" Basketball und Volleyball erfreuen sich gerade in der Gruppe „50 Plus" großer Beliebtheit. Und dass ein großes Repertoire „Kleiner Spiele" gerade auch in Übungsstunden mit nicht mehr ganz jungen Menschen von großem Vorteil ist, merkt schon bald jeder Übungsleiter.

Der Deutsche Turner-Bund versteht sich als „Verband für Leistungs-, Freizeit- und Gesundheitssport". In Anlehnung hieran vollzieht sich der Aufbau des Buches. Die Zielgruppe „50 Plus" ist so heterogen wie kaum eine andere Altersgruppe:

- Da gibt es die noch sehr ***leistungsstarken und leistungshungrigen Älteren,*** die möglichst nur spielen möchten.
  Wenn Gymnastik angeboten wird, dann nur als „notwendiges Übel", z.B. zur Erwärmung.

- Eine weitere Gruppe, und das ist die zahlenmäßig sicherlich größte, die der noch ***„fitten" Älteren***, möchte zwar gerne spielen, doch bevorzugt sie eher andere sportliche Schwerpunkte, wie etwa Gymnastik, Golf, Tanzen, Tennis, Schwimmen, Wassergymnastik oder eine der Ausdauersportarten mit eher freizeit-/breitensportlicher Betonung. Zumindest in den Gymnastik- oder Wassergymnastikstunden sollten Spiele als Auflockerung oder Ausklang nie fehlen.

– ***Neu- oder Wiederbeginner des Sports im Alter*** sind zwar „turnhallenfähig", trotzdem noch nicht oder noch nicht wieder sehr belastbar. Das Gesundheitsmotiv bringt viele erstmalig oder nach vielen Jahre der Pause wieder zu den Sportstunden. Vorwiegend funktionsorientierte Stundenbilder werden in dieser Zielgruppe Älterer vorherrschen. Ganz besonders wichtig sind hier Bewegungsspiele, die der Kommunikation dienen oder die einfach nur Spaß machen und so zu einer langfristigen Motivation beitragen.

– In einer vierten Kategorie finden sich die Älteren mit Bewegungseinschränkungen/die Hochbetagten, also die, von denen so oft gesagt oder geschrieben wird, dass sie ***„nicht mehr turnhallenfähig"*** seien. Für diese Senioren, Hochbetagten oder Behinderten kommen fast nur noch Spiele im Sitzen infrage.

Aus den spezifischen Bewegungsmöglichkeiten und -bedürfnissen der vorgenannten Gruppen ergibt sich die folgende Gliederung des Praxisteils:

- Spiele für leistungsorientierte, „fitte Ältere"
- Spiele für „fitte", gesundheitsorientierte Ältere
- Spiele für ältere Einsteiger oder Wiedereinsteiger
- Spiele für Stuhlgymnastikgruppen
- Staffeln, – erlaubt oder verboten?
- Spiele für besondere Gelegenheiten

Es ist der Versuch, ein praxisorientiertes Buch so aufzubauen, wie sich die Gruppen zumeist in den unterschiedlichen Räumlichkeiten (Halle, Platz, Raum) auch vorfinden. Trotzdem ist der Autorin klar, dass es die vier genannten Gruppen fast nie in „Reinform" gibt, und dass die Spiele, wenn auch in abgewandelter Form, ebenso in den anderen Gruppen gespielt werden können. So erfolgte die Zuordnung der Spiele bei jeweils der Gruppe mit der höchsten Einsatzwahrscheinlichkeit.

Der Versuch, die Geschlechteranteile in den einzelnen Übungsgruppen durch die sprachliche Er- und Sieform angemessen zu berücksichtigen, scheiterte, sodass auch im Folgenden bei der Beschreibung der handelnden Personen, wie inzwischen üblich, auch immer das jeweils andere Geschlecht mit einbezogen ist.

Systematik der Spielbeschreibungen

Der Aufbau vieler vorhandener Spielebücher folgt dem klassischen Anwenderweg, von einfachen Spielformen und Kleinen Spielen für Kinder, Jugendliche und junge Erwachsene führen sie zu den eigentlichen Sportspielen hin. Im vorliegenden Buch wird der entgegengesetzte Weg beschritten. Es soll, was die Anordnung der Spiele anbetrifft, aufzeigen, wie man von den Spielen mit vollem Regelwerk, genormten Spielfeldern und -geräten weggehen, sie teilweise verfremden und immer mehr reduzieren kann, sodass die Zielgruppe „50 Plus" bis ins hohe Alter noch die Möglichkeit bekommt, mitzuspielen.

Von daher ist auch ganz bewusst der Beschreibungsaufbau der Spiele in jedem Kapitel etwas anders:

Bei den Spielen mit Wettkampfcharakter für die leistungsorientierten Älteren sind neben den Materialien, der Spielidee und der Spielbeschreibung auch Angaben über die Anzahl der Mitspielenden sowie zum Spielfeld erforderlich.

Für die „fitten", doch mehr zur Gymnastik oder anderen Nicht-Spielsportarten neigenden Älteren, und auch für die Einsteiger und Wiederbeginner entfallen fast immer Aussagen zum Spielfeld. Auch Spielzeiten sollten immer abhängig gemacht werden von der Belastbarkeit der jeweiligen Gruppe sowie deren Motivation für das Spiel oder die Staffel, daher schien es eher „gefährlich", sie immer in den Kapiteln B, C, D und E anzugeben.

Bei den Spielbeschreibungen für Stuhlgymnastikgruppen wurde selbst auf die Angabe der Teilnehmerzahl verzichtet. Sie ergibt sich oft schon allein durch die anderen, kleineren Bewegungsräume wie Gemeinderäume, Aufenthaltsräume von Altersheimen u.ä.

I. THEORETISCHE GRUNDLAGEN

1. Abgrenzungsversuch einzelner Spielgattungen

Wenn für den Titel dieses Buches bewusst „Bewegungsspiele"…. und nicht „Turnspiele"….. oder „Kleine Spiele"…für Ältere gewählt wurde, so daher, weil diese auf GUTSMUTHS zurückgehende Bezeichnung im Gegensatz zu den bewegungsarmen Unterhaltungsspielen charakterisiert ist durch körperliche Bewegung.

Die bestimmenden gemeinsamen Merkmale von Bewegungsspielen sind

- die Grundform der körperlichen Bewegung
- bzw. die Art der Spieltätigkeit (Lauf, Fang, Wurf, Tanz),
- das Spielgerät (Ball, andere Handgeräte, Freizeitspielgeräte),
- die Spielform (Einzel-, Mannschaftsspiel),
- die Spielregeln (Bestimmungen zu Spielfeld,-zeit u.a.).

DÖBLER zählt alle Formen dazu, „die eine von einem bestimmten Spielgedanken beziehungsweise einer Aufgabe ausgehende Folge von freudvollen Handlungen ist, die durch motorische Leistung und soziale Aktivität bestimmt werden" (DÖBLER 1992, 15).

Im weitesten Sinne gehören also auch die Sportspiele zu den Bewegungsspielen.

Auf dem weit verzweigten Gebiet der Spiele lassen sich zwar kaum überschneidungsfreie Abgrenzungen und Einordnungen finden, trotzdem soll im Folgenden versucht werden, das Typische für die einzelnen Gattungen herauszustellen:

Sportspiele: Als Synonyme gelten auch „Mannschafts"-, „Partei"-, „Kampf"- und „Große Spiele". Hierzu werden Basketball, Fußball, Handball u.a. gezählt. Sie besitzen Kampf- und Leistungscharakter. Das Ergebnis wird abstrakt in Punkten ausgedrückt. Technik und Taktik werden verfeinert und systematisch gelehrt. Sie fordern ein Höchstmaß an Leistung. „Betont werden schnelle Bewegungshandlungen, plötzliche Richtungsänderungen, schnelle

Pässe, Seiten- und Positionswechsel und andere Maßnahmen zur Schaffung eines größeren Bewegungsspielraums für den erfolgreichen Angriffsaufbau und -abschluss" (DÖBLER 1989, 46).

Turnspiele: Typische Vertreter dieser Kategorie sind Faustball, Ringtennis, Prellball, Korbball und Korfball. Diese Spiele und noch einige andere (siehe Kapitel II. A) werden sowohl wettkampfmäßig bis zu Deutschen Meisterschaften/ Weltmeisterschaften (im Faustball) als auch z.T. nur „freizeitorientiert", hauptsächlich in den Vereinen des Deutschen Turner-Bundes, gespielt. Auch hier versucht man, wie bei den Sportspielen, die Technik und Taktik zu verfeinern und vieles andere von den Sportspielen gilt ebenso für die Turnspiele.

Kleine Spiele: Am umfassendsten haben Erika und Hugo DÖBLER die „Kleinen Spiele" beschrieben und systematisiert. Sie zählen zu ihnen volkstümliche Spielformen wie Lauf-, Ball-, Kraft- und Gewandtheitsspiele. Diese Spiele zeichnen sich dadurch aus, dass die Voraussetzungen für sie gering sein können. Dies gilt sowohl für das erforderliche Material als auch für die einzubringenden Fertigkeiten. Viele Formen können schon mit kleinen Gruppen gespielt werden und erfordern nur einfache Spielregeln. Das lustbetonte, freudvolle Handeln steht anstelle des leistungsbetonten Handelns, wie es bei den Sportspielen gewünscht wird, im Vordergrund. Die Spielregeln und der Spielverlauf können den Verhältnissen entsprechend geändert oder auch bestimmten pädagogischen Absichten angepasst werden (DÖBLER 1980, 31).

Freizeitspiele: Zu ihnen wird man in erster Linie Indiaca, Indiaca-Tennis, Plastikhockey u.ä. zählen. Alles Spiele, die leicht erlernbar und besonders familienfreundlich sind. Sowohl Spielregeln als auch Spielfelder werden von den Teilnehmenden selbst festgelegt. Oft steht das Miteinander und nicht das Gegeneinander im Vordergrund. Typisch ist für sie oftmals, dass für sie spezielle Geräte konstruiert wurden, die einen großen Aufforderungscharakter besitzen und die nicht zu teuer sowie wenig „verletzungsträchtig" sind.

Gesellige Spiele: Hallenbosseln, Shuffleboard, Krocket, Boccia, Hufeisenwerfen zählen in erster Linie dazu. Auch hier wird das Kriterium Familienfreundlichkeit (KAPUSTIN 1978, 111) besonders hervorgehoben. Weiterhin sind sie auch für Ältere und Behinderte geeignet und werden bei jeder Art von Urlaubsfreizeit eingesetzt, da sie ein geeignetes Mittel zur Kontaktaufnahme darstellen.

New Games: „Spiel intensiv – Spiel fair – Tu niemandem weh!" kennzeichnet die in den 70er Jahren aus den USA nach Deutschland gekommenen Spiele. Sie lassen sich nicht einfach mit „neuen" im Gegensatz zu „alten" Spielen übersetzen, denn es handelt sich eher um eine Philosophie des Spielens,- um eine Spielbewegung. Oft wurden Spiele aus der zuvor beschriebenen Kategorie „Kleine Spiele" in den USA nur anders aufbereitet, sodass sie z.T. attraktiver, in großen Gruppen und/oder in „Offenen Spielsituationen" spielbar wurden (SCHÖTTLER 1983, 73).

DÖBLER (1980) nennt noch weitere Bezeichnungen wie „Volks- und Jugendspiele", „Bunte Spiele", „Bauernspiele" u.a., die allerdings hier nicht näher erläutert werden sollen.

Mit Hilfe des auf Seite 19 abgebildeten Baumes soll weiterhin versucht werden, Bewegungsspiele mit allen ihren Ausdifferenzierungen darzustellen.

Das gesamte Gebiet der Bewegungsspiele basiert auf den Wurzeln, nämlich dem Spieltrieb des Menschen. Die einen jedoch bevorzugen bzw. sind aufgrund ihres Alters oder körperlichen Handicaps nur noch auf den einen Ast angewiesen, die anderen finden Spielfreude bei mehreren Ästen. Die kleinsten „Ästchen" enthalten Spielformen, die den jeweiligen Spielgattungen zugeordnet werden können. Die Ordnung der Bewegungsspiele innerhalb eines Baumes soll zudem versinnbildlichen, dass die verschiedenen Spielgattungen vielfach Querverbindungen aufweisen können.

Abb.: Spielebaum
Zuordnung einzelner Spielgattungen („Verzweigungen") zum Ursprung („Stamm") der Bewegungsspiele – ein Versuch

2. Differenzierung der Gruppe „Ältere"/„50 Plus"

Die Altersspanne umfasst die der gerade erst Fünfzigjährigen bis zu den (fast) Hundertjährigen.

Viele „Ältere", vor allem die sowohl körperlich als auch geistig immer aktiv Gebliebenen, lehnen Titel wie „Seniorenspiele"/„Bewegungsspiele für Senioren" ab, nur weil sie auf das Wort „Senioren" allergisch reagieren. Sie halten sich zuweilen nur allein aufgrund der Wortverbindung Senioren..... manchmal für „noch zu jung". Andere gleichen Alters glauben dagegen, sie seien „zu alt" für etwas, – in diesem Fall zu alt zum Spielen.

Die Weltgesundheitsorganisation (WHO) gab 1980 folgende Einteilung der „Über-Fünfzigjährigen" heraus:

- 51-60 Jahre — alternde Menschen
- 61-75 Jahre — ältere Menschen
- 76-90 Jahre — alte Menschen
- 91-100 Jahre — sehr alte Menschen
- über 100 Jahre — Langlebige

Doch auch mit solch einer Differenzierung in Bezug auf das Alter lässt sich beim Spielen mit Älteren wenig anfangen. Manchmal sind Beteiligte von drei dieser Untergruppen in den Sportstunden anzutreffen.

Wer kennt nicht selbst Beispiele, dass sich 80-Jährige wie 50-Jährige benehmen, umgekehrt aber auch schon 50-Jährige ein greisenhaftes Verhalten an den Tag legen? Beim Spielen ist das besonders auffällig. Zudem ist die sogenannte „Sportbiografie" jedes Einzelnen von großer Bedeutung:

Handelt es sich um einen älteren Menschen,

– der sein Leben lang sportlich aktiv geblieben ist und zwar
  - in einer oder mehreren Sportarten (wettkampforientiert), so wird dieser Personenkreis im Folgenden der Kategorie A zugeordnet,
  - in einer oder mehreren Sportarten (freizeit-/breitensportlich bzw. gesundheitsorientiert Sport betrieb), so wird er als Spieler der Kategorie B beschrieben.

Obwohl die Teilnehmenden beider vorgenannter Gruppen ein Leben lang Sport betrieben haben, wurden sie aufgrund ihrer unterschiedlichen Interessen, Spielleistungsfähigkeit und Motivation in zwei unterschiedliche Gruppen eingeteilt.

Umgekehrt verhält es sich bei dem Personenkreis, der der dritten Gruppe C: „Beginner und Wiederbeginner" zugeordnet wurde.

Hier findet man sowohl den Personenkreis,

- der früher aktiv Sport betrieben hat
  - wettkampforientiert
  - freizeit-/breitensportlich orientiert und der einige oder längere Zeit pausierte und jetzt als „Wiederbeginner" eingestuft wird, als auch den,
- der noch nie Sport betrieben hat.

Trotz der ganz unterschiedlichen Sportbiografie sind beide Untergruppen am günstigsten bei Sport und Spiel zusammenzufassen, wobei besonders denen, die „früher wettkampforientiert" Sport betrieben haben, erhöhte Aufmerksamkeit zukommen muss, da hier die Gefahr des Sich-Überschätzens am größten ist!

Für eine vierte, im Folgenden zur Kategorie D zählende Gruppe, werden Spiele beschrieben, deren Teilnehmerkreis

- aufgrund orthopädischer Leiden bzw. wegen Herz-/Kreislauf- oder anderer Beschwerden nicht mehr „turnhallenfähig" ist und nur noch an einer „Stuhlgymnastikgruppe" teilnehmen kann oder aber in der Halle nur sehr eingeschränkt an Spielen zu beteiligen ist.

Wie auch immer, es gibt keine heterogenere Menschengruppe als die der Über-Fünfzigjährigen. Fünf Jahrzehnte Lebensspanne werden unter dem Begriff „Senioren/Ältere" subsummiert.

Dieses Buch wendet sich an alle, die sich in der zweiten Lebenshälfte befinden, deshalb könnte der Titel auch lauten:

„Spiele/Spielen für 50 Plus bis 100 Minus" oder „Bewegungsspiele für Menschen in der zweiten Lebenshälfte".

3. Ausdifferenzierung des Spielangebots

Eine weitere Tatsache ist, dass nicht nur der Sport in seinen Erscheinungsformen bzw. Inhalten in starkem Maße auf gesellschaftlichen Strukturen und Wertmustern basiert, Spiele tun dies in besonderem Maße.

Hinzu kommt die gegensätzliche Einstellung Spielender, die auf der einen Seite Merkmale wie Erholung, Unterhaltung und Spaß (breiten-/freizeitsportlich orientiert), auf der anderen Seite Leistungssteigerung und Wettkampf (wettkampforientiert) anstreben.

Noch herrscht bei vielen älteren Menschen, geprägt auch durch die Massenmedien, oftmals das Bild des Spiels vor, das dem „Prinzip der Überbietung" folgt. Leider kann vielen Menschen der älteren Generation erst die Scheu vor einer aktiven Spielbeteiligung durch die Vermittlung einer anderen Spielideologie genommen werden. Dies jedoch bedarf zumindest erst einmal für sie der Überwindung, sich auf eine neue Gruppe, auf neue Inhalte und andere Methoden und Ziele einzulassen. Jeder, der schon einmal mit offenen Augen Ältere beim Spielen beobachtet hat, weiß, wie viel Bewegungs- und Lebensfreude bei den Teilnehmern durch das Spielen frei wird.

Über den Weg von Regeländerungen traditioneller Spiele, durch die Offenheit bei der Erfindung neuer Bewegungsspiele und Spielformen kann dieses Ziel auch bei den nicht mehr ganz Leistungsstarken erreicht werden.

In dem Moment, wo „Misserfolg" nicht mehr als „Niederlage" gegenüber dem „Konkurrenten" empfunden, sondern stattdessen als ein zusätzlicher Erlebniswert akzeptiert werden kann, ist es gelungen, das sozialpsychologische Lernziel über das rein sportliche Erfolgserlebnis zu stellen.

Nur ein so verstandenes Spiel kann dann einen humanen Beitrag zur Verbesserung der Lebenssituation älterer Menschen leisten.

Schon allein nach dem Versuch von Seite 17ff., Kriterien für die beschriebenen Gattungen zu erstellen, lassen sich grob folgende Zuordnungen der Spiele für bestimmte Gruppen Älterer vornehmen:

Kategorie A: Hauptsächlich Sportspiele und Turnspiele, am wenigsten die „Geselligen Spiele".

Kategorie B: Einige der Sportspiele und Turnspiele in abgewandelter Form, hauptsächlich alle anderen Bewegungsspiele, ebenfalls wegen der zu geringen Belastung nicht so sehr die „Geselligen Spiele".

Kategorie C: Hauptsächlich „Kleine Spiele", „Freizeitspiele", „New Games".

Kategorie D: Manchmal noch „Gesellige Spiele", sonst nur „Kleine Spiele," „New Games" und „Freizeitspiele" in einer im Sitzen noch möglichen Form.

4. Positive Effekte des Spielens in der zweiten Lebenshälfte

Spiele und ganz besonders Bewegungsspiele fördern und vermitteln Freude am Sport, haben einen Kommunikations- und Sozialisationseffekt, können zum Abbau von Aggressionen und Spannungen beitragen, gruppendynamische Prozesse unterstützen und über die Hebung und Stabilisierung des Selbstwertgefühls zu einer „Entängstigung" beitragen (KREISS 1974/75, LAGERSTROM 1981).

Im motorischen Bereich verbessern Spiele sowohl Reaktionsschnelligkeit, Koordinationsfähigkeit und daneben die Bewegungsökonomie. Je nach Auswahl der Spiele kann auch Einfluss auf die Kraft und die Beweglichkeit genommen werden.

Ausdauerbeanspruchungen werden besonders bei Spielen mit größeren Wegleistungen (allgemeine Ausdauer), aber auch bei Partner- und Teilraumspielen (lokale Muskelausdauer) gefordert (STEMPER u.a. 1983).

Unbestritten ist auch, dass viele Bewegungsspiele die Konzentrationsfähigkeit fördern und die Wahrnehmungsfähigkeit schulen.

Trotz der vielen vorgenannten positiven Effekte darf allerdings nicht vergessen werden, dass insbesondere im physiologischen Bereich die Auswirkungen von sportlichen Spielen, selbst bei „äußerlicher" Leistungsfähigkeit, nicht mehr für alle Älteren vertretbar sind. Daher sollte sich diese Gruppe regelmäßig ärztlich untersuchen lassen.

5. Besonderheiten und Gefahren beim Spiel mit Älteren

Vor der Ein- und Durchführung von Bewegungsspielen müssen eine Reihe altersbedingter organischer Veränderungen berücksichtigt werden:

Im Bereich des Nervensystems und der Sinnesorgane kommt es zu einer verlängerten Reaktionszeit und einer verringerten motorischen Anpassungs- und Koordinationsfähgkeit. Dies kann zu einer erhöhten Verletzungsgefahr und einer Verlangsamung des Lernprozesses führen. Demzufolge werden die Lernergebnisse vermindert bzw. kann der Übungsaufwand dafür größer sein. Auch ist der Lernprozess in den einzelnen Phasen des motorischen Lernens störanfälliger. So wird vom Übungsleiter/Sportlehrer eine besonders sorgfältige Auswahl und Darbietung der Spiele bzw. Spielformen verlangt.

Ebenso ist im Bereich des Bewegungsapparates mit Veränderungen zu rechnen: Der Flüssigkeits- und Elastizitätsverlust der Muskeln, Sehnen und Gelenkkapseln führt zu einer erhöhten Anfälligkeit für Risse und Zerrungen. Häufig schon vorhandene degenerative Veränderungen der Gelenke und des Knorpels sowie durch Osteoporose hervorgerufene erhöhte Bruchgefahr der Knochen bedürfen einer besonderen Berücksichtigung.

Spiele, die Schnelligkeits- und Schnellkraftbeanspruchungen verlangen sowie solche, die eine erhöhte Sturzgefahr beinhalten, sollten vermieden oder wenigstens auf ein Mindestmaß begrenzt werden.

Auf der einen Seite werden vielerorts Kurse zur Sturzprophylaxe angeboten und die Erhaltung der Reaktionsfähigkeit ist für viele Alltagsbewegungen dringend erwünscht, auf der anderen Seite sind aber vor allem solche Spiele, in und mit denen dieses geübt wird, aus bestimmten Gründen nicht besonders empfehlenswert. So dient z.B. das Völkerballspiel (Seite 52) sicherlich dazu, geschickt auszuweichen, schnell zu reagieren und sich ständig schnell zu drehen, was für Gefahren des Alltags oft „lebensrettend" sein kann, doch die Elemente der „scharfen" Ballschüsse und das Annehmen eines mit voller Wucht geschossenen Balles in Brusthöhe kann für den Personenkreis, der blutgerinnungshemmende Mittel einnehmen muss und besonders für Frauen sehr gefährlich werden. Es gibt Gruppen „50 Plus", die dieses Spiel jahrelang wettkampfmäßig spielten und es auch trotz aller Warnungen noch auf ihrer Bestsellerliste haben. Aus diesem Grund wurde „Völkerball" auch in der Kategorie A mit aufgeführt. Keinesfalls ist das jedoch so zu verstehen, dass nun auch Gruppen, die dieses Spiel bisher nicht spielten, es als „empfehlenswert" ansehen sollten.

Ebenso sind andere Spielformen, die ein schnelles Abstoppen oder plötzliche Richtungsänderungen verlangen, aufgrund der Veränderungen des aktiven und passiven Bewegungsapparates für Ältere weniger geeignet.

Neben den körperlichen Belastungen können Spiele auch erhebliche psychische Beanspruchungen hervorrufen. Durch die Ungewissheit des Spielausgangs beinhalten sie das Moment der inneren Spannung als wesentlichen Antriebsmotor. So kommt es durch die damit zusammenhängende Situation oftmals zu übertriebenem Ehrgeiz oder zu Emotionen über Mitspieler, Spielsituationen u.a., die eine Gefährdung darstellen können, weil Spielgeschehen und Belastungshöhe nur schwer dosierbar sind.

Zusätzlich zu den vorgenannten Faktoren bergen auch ungeeignete Spielgeräte, z.B. zu harte Bälle besonders bei Ungeübten die Gefahr in sich, im Gelenkbereich der Finger, Hände und Füße zu Verletzungen zu führen.

Gerade bei nicht mehr ganz jungen Menschen spielen auch äußere Faktoren wie Klima und Wetter für den Einsatz verschiedener Spiele/Spielformen eine große Rolle. Bei hohen Außentemperaturen vermindert sich die Leistungsfähigkeit erheblich. Zunehmende Luftfeuchtigkeit und Umgebungstemperatur lassen vor allem die Pulsfrequenz auf gegebenen Belastungsstufen ansteigen, was eine Senkung der Dauerleistungsfähigkeit zur Folge hat (STEGEMANN 1977). Durch die hohe emotionale Beteiligung am Spiel werden die entstehenden Belastungen möglicherweise nicht mehr realistisch wahrgenommen und können zu einer Gefährdung führen.

6. Untersuchungsergebnisse der Belastungsänderung durch Spielabwandlungen

In sportmedizinischen Publikationen fanden Spiele im Vergleich zu den Ausdauersportarten für den Seniorenbereich/ „50 Plus“ insbesondere aufgrund des Problems der Belastungsdosierung sowie der Verletzungsgefahr bisher nur wenig Berücksichtigung. Von daher basierte das Wissen über die Belastungsqualität der Spiele überwiegend auf subjektiven Erfahrungen von Sportlehrern und Übungsleitern. Als Grundlage der hier folgenden Aussagen wurde zunächst bis etwa 1980 die Eignung einiger Spiele für Ältere anhand der Erlernbarkeit, der Verletzungsgefahr und der Gefahr der Überbelastung im Bereich des Herz-Kreislauf-Systems bewertet. Im Rahmen zweier Diplomarbeiten konnten anschließend anhand von telemetrischen Pulsfrequenzmessungen, Laktatmessungen und Fragebogenerhebungen verschiedene Bewegungsspiele im Hinblick auf ihre Eignung im Bereich der Älteren getestet werden. Die Spieler und Spielerinnen waren alle älter als 60 Jahre und ließen sich zur Gruppe der „fitten“, gesundheitsorientierten bzw. „einsteigenden“ Älteren einordnen.

Zu ganz anderen Ergebnissen würde man kommen, wenn an „lebenslang“ diese Spiele spielenden „fitten“ Älteren, die noch an offiziellen Wettkämpfen/Deutschen Meisterschaften teilnehmen, solche Untersuchungen vorgenommen würden. Wettkampfmäßig und auf hohem technischen und taktischen Niveau gespielt, stellen gerade Indiaca, Prellball und Ringtennis hohe Anforderungen an die Spielenden.

Das Spieleprogramm bestand aus folgenden Bewegungsspielen:

Atomspiel	Ball über die Schnur
Bänderraub	Prellball
Hipp-Hepp-Tipp-Tepp	Treffball
Family-Tennis	Indiaca
Tchoukball	Ringtennis und Plastikhockey.

Ausgangspunkt waren die Erfahrungen, dass im Hinblick auf das Problem der Belastungsdosierung gerade einer Modifizierung der Spiele eine besondere Bedeutung zukommt. So sind die Anforderungen, die ein Bewegungsspiel an die Mitspielenden stellt, abhängig von

- den Spielregeln,
- den Spielfeldmaßen,
- der Anzahl der Mitspielenden und
- den eingesetzten Spielgeräten.

Im Einzelnen wurden folgende Fragestellungen untersucht:

- Welches Pulsfrequenzverhalten zeigen die 60-70-jährigen Versuchspersonen während der verschiedenen Spiele?
- Ergeben sich Unterschiede in der Herz-Kreislauf-Belastung bei Veränderung des Regelwerkes?
- Sind die untersuchten Bewegungsspiele geeignet für Ältere?
- Können die durchgeführten Spiele auch ohne Gefahr der Überbelastung des Herz-Kreislauf-Systems in ambulanten Koronargruppen eingesetzt werden?

Die Spiele „Atomspiel" und „Hipp-Hepp-Tipp-Tepp" zeichneten sich in der durchgeführten Form durch eine geringe Belastung des Herz-Kreislauf-Systems (HKS) aus, sodass sie deshalb für Ältere sinnvoll erscheinen. Es muss allerdings gesagt werden, dass beim Atomspiel erhöhte Unfallgefahr besteht und dass alle Probanden bei Hipp-Hepp-Tipp-Tepp auch trotz erhöhter Anreize unterhalb der Trainingspulsfrequenz blieben. Mit diesem Spiel mag man andere Ziele, z.B. Kommunikation und Spaß, erreichen, aber nicht eine Verbesserung der Herz-Kreislauf-Funktion.

Die beim „Bänderraub" ermittelten Pulsfrequenzwerte waren z.T. so hoch, dass diese Form, nicht nur aus orthopädischer Sicht (Unfallgefahr), als „bedingt" oder „nicht geeignet" bezeichnet werden muss.

Die Belastungen des HKS bei den Spielen „Family-Tennis" und „Tchoukball" spiegelten die Abhängigkeit von der jeweiligen Variation am deutlichsten wider. Hochsignifikant zeigte sich nicht, wie in der Hypothese angenommen, ein erhöhter Puls beim Einsatz eines schnelleren Balles, im Gegenteil, da dann mehr Fehler entstanden, die wiederum zu einer Pause führten, um die Bälle aufzuheben, waren die Pulsfrequenzen wesentlich niedriger als beim Einsatz von Schaumstoffbällen.

Das Ergebnis ist logisch, wurde bislang aber wohl kaum berücksichtigt. Im Gegenteil, viele Übungsleiter und Sportlehrer geben den schnelleren Bällen den Vorzug, obwohl die langsamer fliegenden Bälle zu größeren Erfolgserlebnissen, sprich längeren Ballwechseln führen, die Pausen dadurch weiter auseinander liegen und die Belastungen für das HKS somit größer werden.

Die Ursache für niedrige Pulsfrequenzwerte während des Spiels „Ball über die Schnur" kann in den sehr geringen Anforderungen, die das Spiel an das HKS-System stellt, gesucht werden. Es erfordert kaum Laufarbeit. Die Spielhandlungen beschränken sich zum größten Teil auf Fangen und Werfen aus dem Stand, sodass Ball über die Schnur mit einem Schaumstoffball gespielt auch selbst bei untrainierten Älteren, also (Wieder-) Beginnern, sehr gut durchgeführt werden kann.

Wie schon bei Family-Tennis und Tchoukball zeigte sich auch beim „Prellball", dass Regelerleichterungen (z.B. mehr als nur einmaliges Prellen pro Spieler oder mehr als nur dreimalig pro Mannschaft) ebenso wie die Verwendung eines größeren, leichteren Balles zu mehr Spielfluss und damit auch einer erhöhten Herz-Kreislauf-Belastung führen kann.

Das Verhalten der Herzfrequenz während der Spieleinheiten „Treffball" zeigte zwar insgesamt bei allen Probanden die erwarteten höheren Werte beim Einsatz eines Basketballes als Zielobjekt im Gegensatz zum Medizinball als Ziel, doch lagen die Einzelwerte aller Spieler sehr weit auseinander. Ein Grund mag sein, dass jemand, der hohen Spieleinsatz zeigt, für das Einsammeln neuer Bälle viele schnelle Sprints einlegt.

Auch kann gegebenenfalls das kraftaufwendige Werfen den Puls hochtreiben. Im anderen Fall lässt es dieses Spiel aber auch zu, sich mit dem Einsammeln der Bälle Zeit zu lassen, insbesondere dann, wenn sich der Zielball weit entfernt hat.

Die Ursache dafür, dass „Indiaca", als Einzel gespielt, eine der belastungsintensivsten Spieldurchführungen innerhalb der Gesamtuntersuchung darstellte, kann in der für die Mehrzahl der Probanden neuen und daher ungewohnten Spieltechnik zu sehen sein. So könnte, da für die ungewohnte Technik noch kaum ökonomische Bewegungsabläufe zu erwarten waren, erhöhter Energieverbrauch, bedingt durch Innervation unbeteiligter Muskelgruppen, an der Pulsfrequenzerhöhung beteiligt gewesen sein (HOLLMANN/

HETTINGER 1980, 143) und weiterhin sicherlich die relativ langen Spielzüge, die dadurch zustande kamen, dass sowohl mit der linken als auch rechten Hand geschlagen werden durfte.

Die Spieldurchführung im Doppel war dagegen wesentlich weniger belastend.

Weit geringer, selbst im Einzel, waren die Durchschnittspulswerte beim „Ringtennis", sodass das Spiel als nicht herzkreislaufbelastend angesehen werden kann, sondern vor allem als freudvoller koordinations- und reaktionsschuldender Stundeninhalt im Sport der Älteren angesiedelt sein sollte. Wie zuvor betont, sähe das Ergebnis für den Wettkampfbereich ganz anders aus.

Der Grund für die im Vergleich zu den anderen untersuchten Spielen höheren Pulsfrequenzen beim „Plastikhockey" (Seite 75f) muss wohl an den erhöhten Anforderungen, die dieses Spiel als einziges Laufspiel der untersuchten Spiele an das Herz-Kreislauf-System stellt, liegen.

Neben der Laufleistung ist zudem ein hohes Maß an Konzentration durch die Verbindung des Ballschlagens mit einer Laufbewegung erforderlich, was wiederum eine Erhöhung der intermuskulären Koordination nach sich zieht.

Eine weitere Erklärung für die hohen Herzfrequenzen könnte darin liegen, dass Plastikhockey innerhalb der Beliebtheitsskala der zehn durchgeführten Bewegungsspiele mit ihren Abwandlungen weitaus an erster Stelle steht. Deshalb erscheint das Plastikhockeyspiel im Hinblick auf seine Herz-Kreislauf-Trainierbarkeit für Ältere der Kategorie A und z.T. auch B gerade für die zusätzlich sehr wertvolle Koordinationsschulung sowie wegen seiner freudvollen Aspekte als sehr empfehlenswert.

Selbstverständlich sind zehn Spiele mit ihren Abwandlungen sehr wenig, wenn man das Riesenangebot an Bewegungsspielen bedenkt. Doch es ist ein Anfang.

Am Ende des Buches befindet sich eine Rückmeldekarte. Es soll an dieser Stelle darauf hingewiesen werden, sie möglichst mit Angaben eigener Erfahrungen zum Bereich der Belastungsveränderungen und Motivation zurückzuschicken!

7. Altersgerechte Spielfeldmarkierungen und Spielgeräte

Was eigentlich generell bezüglich des Überprüfens von Hallen oder Flächen im Freien vor Beginn von Spielen gilt, hat für die Gruppe „50 Plus“ ganz besondere Bedeutung. So kann die Überprüfung der Bodenbeschaffenheit, das Forträumen eventuell gefährlich werdender Hindernisse in Spielfeldnähe mithelfen, Unfälle zu vermeiden. Erleichterung beim Nachlassen der Sehkraft bedeutet es auch, wenn man anstelle der Leinen oder Zauberschnüre rot-weiße Straßenbaubänder nimmt, die durch ihre Breite und Farbe leichter wahrzunehmen sind. Für ca. 25.- DM gibt es etwa 500 Meter davon zu kaufen. Ist kein Straßenbauband vorhanden, erfüllen andere Flatterbänder oder eine Wäscheleine mit darüber gehängten Zeitungsseiten oft auch denselben Zweck.

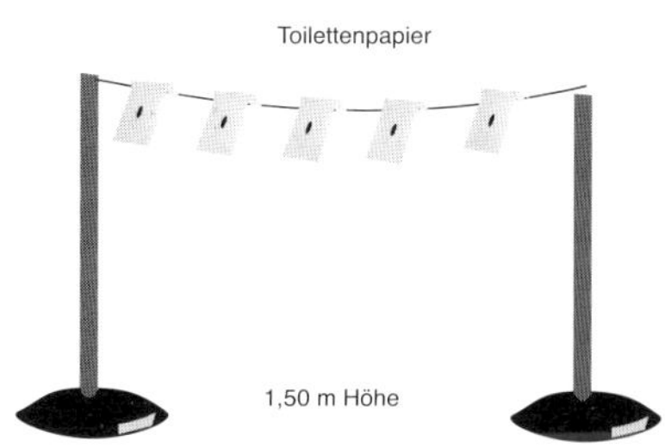

Nimmt man alternativ eine Zauberschnur, würde diese bei darüber gehängten Zeitungen zu sehr nachgeben. Bewährt hat sich das Darüberhängen von einigen immer zweiblättrig aneinander hängenden Blatt Toilettenpapier. Damit es nicht bei jedem Windhauch herunterfällt, wird mit dem Finger in die Mitte der beiden Blätter ein Loch gestoßen. Auf dies Weise bleiben sie besser aneinander haften.

Bei vielen Spielen hat sich anstelle der sonst üblichen Bälle der Einsatz von Luftballons, Wasserbällen, Zeitlupenbällen, Knautschis, Schaumstoffbällen oder leichteren „Pezzis“ bewährt.

Luftballons eignen sich besonders für das Spielen mit einem bewegungseingeschränkten Personenkreis bzw. mit Stuhlgymnastikgruppen. Durch Spezialballons, die nicht so leicht platzen, und durch Verschlüsse anstelle des sonst üblichen Knotens, lassen sie sich mehrfach wieder verwenden, sodass ökologische Bedenken für das Spiel weitgehend abgebaut werden konnten. Darauf zu achten ist, dass ältere Menschen die Ballons nicht mehr selbst aufblasen. Es kann zu einer Hyperventilation oder auch zu einer Erhöhung des Blutdrucks kommen (und dieser ist im Alter oft ohnehin schon zu hoch). Schnell und völlig ungefährlich bekommt man die Luft durch kleine Handpumpen oder einen Mini-Kompressor hinein.

Der Luftballon fliegt so langsam, dass geringere Anforderungen an die Reaktionsfähigkeit der Teilnehmenden gestellt werden, zudem schließt sein geringes Gewicht eine Verletzungsgefahr durch ihn selbst aus. Vorsicht jedoch bei zu langem Überkopfspiel! Wird der Kopf zu lange „in den Nacken genommen", kann es zu Schwindelgefühl kommen. Ursache dafür ist manchmal eine schon veränderte Halswirbelsäule, sodass die Blutzufuhr zum Gehirn eventuell durch ein starkes Zurückbeugen des Kopfes verringert wird. Auch kann es bei älteren Menschen durch solch eine Überstreckung der Halswirbelsäule zu Muskelverspannungen im Hals-Nackenbereich kommen.

Zeitlupen- und Wasserball haben ähnliche Flugeigenschaften wie ein Luftballon, sodass sowohl positive Eigenschaften als auch die eventuelle Gefahr, die damit verbunden ist, vergleichbar ist. Beide Geräte sind geradezu ideal für den Einsatz in der Gruppe „50 Plus" und ganz besonders in den Kategorien C und D. Es muss aber darauf geachtet werden, dass nach den Überkopfbewegungen schon allein durch das Regelwerk der Ballon auch wieder flacher gespielt bzw. zwischendurch an andere Spieler abgegeben wird.

Der Knautschi besteht aus einer verformbaren Plastikmasse. Er ist zwar schwerer als die drei Erstgenannten, trotzdem kommt es durch die „nachgiebige" Masse kaum zu Finger- oder Handverletzungen. Ähnlich positiv beurteilt werden kann auch das wesentlich ungefährlichere Fangen von Schaumstoffbällen. Sie sind inzwischen in fast allen Größen und Gewichten zu erhalten, vom Tischtennisball bis zum Pushball. Man kann sie „nicht springend", z.B. zum Volleyballspielen, oder „springend" für Faustball oder Tchoukball bestellen. Für alle Schaumstoffbälle und -frisbeescheiben gilt jedoch, dass man, auch wenn sie wesentlich teurer sind, beim Kauf auf eine Ummantelung achten sollte. So geschützte Geräte sind haltbarer und nehmen nicht so leicht Staub auf, wenn sie zu Boden fallen. Die Augen älterer Menschen sind erfahrungsgemäß sehr empfindlich gegen Staubpartikelchen, was beim Überkopfspiel zu Irritationen führen kann.

Doch nicht nur für Bälle trifft dies zu, auch Frisbeescheiben gibt es mit und ohne „Elefantenhaut". Beide Ausführungen haben sehr gute Flugeigenschaften und sind so weich, dass man in Gemeindesälen, in Wohnungen oder ähnlichen Räumlichkeiten keine Angst zu haben braucht, Möbel oder anderes Inventar zu beschädigen. Als Ersatz, der gar nichts kostet, kann allerdings der Deckel einer runden Waschmitteltonne genommen werden. Mit ihm lassen sich ebenfalls die meisten Frisbeespiele durchführen. Seine Lebensdauer ist dafür auch nur begrenzt. Soll es fast genauso preiswert und dafür dauerhafter sein, lassen sich „Ufos" als Frisbeeersatz selbst nähen: Man nimmt am günstigsten einen Stoffrest von sehr festem Stoff (Zelttuch oder Reste von Militär- oder Berufskleidung), schneidet einen Kreis von ca. 30 cm Durchmesser aus und näht am Rand Gardinenbleiband ein. Die auf diese Weise hergestellte Stoff-Frisbeescheibe fliegt hervorragend und lässt sich gut greifen.

Bohnensäckchen als Wurfgerät haben gegenüber Bällen den großen Vorteil, dass sie nicht rollen können, zudem sind sie von Spielungeübten weitaus leichter zu greifen als Bälle. Sie sind preiswert, da sie selbst genäht werden können, und sie können durch unterschiedliche Farben gleichzeitig bei manchen Spielen die Mannschaften kennzeichnen.

Sind bei den „Kleinen Spielen" Keulen umzuwerfen, umzukegeln oder zusammenzuraffen, so sind Rollen von Küchenpapier viel günstiger einzusetzen: sie sind weitaus weniger „verletzungsträchtig", preiswert und machen nicht den Lärm, den Keulen verursachen.

Besonders in den Gruppen der Kategorien C und D hat sich der Einsatz von Decken, Laken, Fallschirmen, Schwungtüchern, Malerfolien, Teppichfliesen, präparierten Flumis, von Kartons u.v.a. bewährt.

Auch Chiffontücher besitzen zum Spielen einen hohen Aufforderungscharakter. Nicht nur, dass sie zumeist sehr bunt sind, sondern sie fliegen wegen ihrer Leichtigkeit auch wie im Zeitlupentempo, wodurch sie keine hohen Anforderungen an die Reaktionsfähigkeit stellen.

Handtücher besitzen im Gegensatz zu den Chiffontüchern eine andere Flugeigenschaft und logischerweise eine wesentlich höhere Reißfestigkeit, sodass Spiele mit ihnen durchgeführt werden können, bei denen das Handtuch als Transportgegenstand genutzt wird.

Als preiswerten Ersatz für die vielerorts benutzten Handtücher lohnt es sich, zum Spielen farbige Stoffe zu kaufen, sie handtuchgroß umzunähen und damit für viele Jahre Material für Spielformen zu haben, die sich sonst nur mit den wertvollen Handtüchern durchführen lassen. Ebenso praktisch sind blaue oder schwarze Müllsäcke (wie auf Seite 98 abgebildet), auch mit ihnen kann man fast alle Spiele, die sonst mit Handtüchern durchgeführt werden, spielen. Vorteilhaft ist auch, dass dieses billigere Material im Geräteschrank gelagert werden kann und jederzeit verfügbar ist. Wie viele Spielvorhaben scheiterten, weil, trotz vorheriger Ansage, die Handtücher zu Hause vergessen wurden? Wählt man von vorneherein unterschiedliche Farben, können Mannschaften/Gruppen leicht gebildet werden. Viele Spiele mit Hand-tüchern lassen sich auch mit Decken oder Laken umsetzen. Man bekommt sie, falls in den eigenen Haushaltsbeständen nicht vorhanden, meistens kostenlos in Krankenhäusen, Kurkliniken oder Alteneinrichtungen, da sie dort häufig „ausrangiert" werden.

Sehr viel Spaß machen selbstverständlich auch Spiele mit dem Fallschirm oder Schwungtuch. War der Einsatz von beiden, besonders bei Großgruppen, in den 80er Jahren vor allem durch die New Games-Bewegung bekannt gemacht worden, so finden sie auch heute noch im Bereich der Spiele mit Älteren/„50 Plus" und im Bereich der Psychomotorik Anwendung. Besonders der sozial-emotionale Aspekt wird in vielen Spielen mit den vorgenannten Materialien gefördert. Sowohl Schwungtuch als auch Fallschirm haben in allen Altersstufen einen hohen Aufforderungscharakter. Kleinere Vereine oder andere Gruppen, die nicht selbst im Besitz solcher Materialien sind, sollten sich erkundigen, ob sie sich nicht bei einer Institution Fallschirme oder Schwungtücher einmal ausleihen können, oder aber man nimmt ersatzweise eine Malerfolie (siehe Seite 115), mit der man ebenfalls viele Spielformen durchführen kann. Manchmal sind es gerade die „nicht sporttypischen" Materialien, die einen hohen Aufforderungscharakter besitzen, mit ihnen etwas auszuprobieren. So wurden in der Vergangenheit auch oft Gegenstände, die nicht die Bezeichnung „Ball" besitzen, als Wurf- und Spielobjekte vernachlässigt. Dabei ist gerade für Ältere das Fangen dieser Gegenstände vielfach leichter als der Umgang mit dem Ball.

Ein Beispiel dafür ist ein überall erhältlicher, sehr hoch springender „Flumi". Einfach ein Loch hineingebohrt, in das man ein Staubtuch oder ein anderes weiches Tuch steckt, und schon ergibt es ein äußerst gut greifbares Spielgerät, was auch noch dazu sehr preiswert ist. Auch andere Alltagsmaterialien wie Korken, Schwämme, Sofakissen lassen sich gut werfen und fangen. Wäscheklammern, Toilettenpapierrollen, Zeitungen, Servietten, Schuhkartons, Teppichfliesen, Strumpfzöpfe, Bambusstäbe, Bierdeckel oder Tennisballdosen, alles kann als Spielgerät genutzt werden.

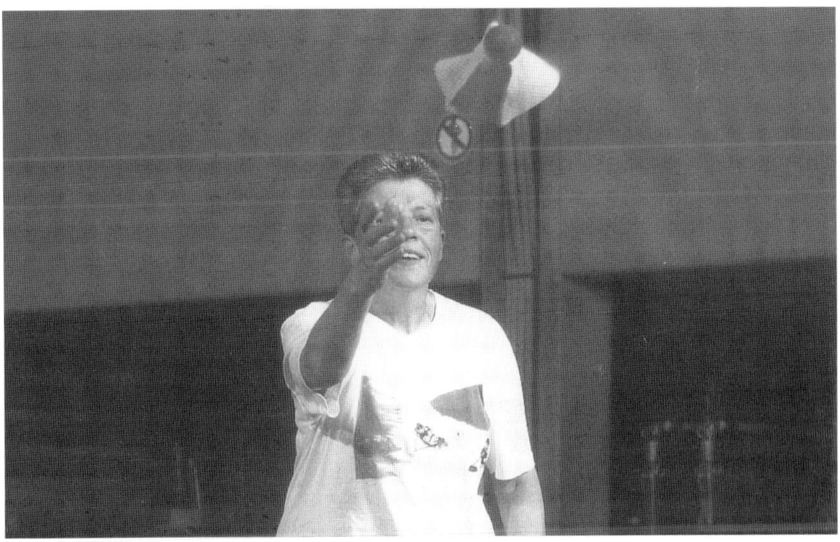

Drahtkleiderbügel aus der Reinigung mit alten Strumpfhosen bezogen ergeben Ersatz-Tennisschläger, und aus Zeitungspapier und Strumpfhosen gefertigte Kugeln sind geeignete „Bälle" für einige Rückschlagspiele.

Besonders die zuletzt aufgezählten Materialien können dazu beitragen, dass durch räumliche Enge, durch fehlendes, traditionelles sportliches Material und durch eingeschränkte körperliche Vorbedingungen so manche Übungsstunde trotzdem mit immer neuen Spielformen abwechslungsreich gestaltet werden kann.

Gerade Alltagsmaterialien aus dem Erfahrungsumfeld der älteren Menschen, für deren Einsatz es keine festgelegten Spielregeln gibt, können die Erhaltung und Verbesserung der Kreativität fördern, indem die Gruppe bei der Entwicklung neuer Spielideen oder bei der Abwandlung von Spielen mit einbezogen wird.

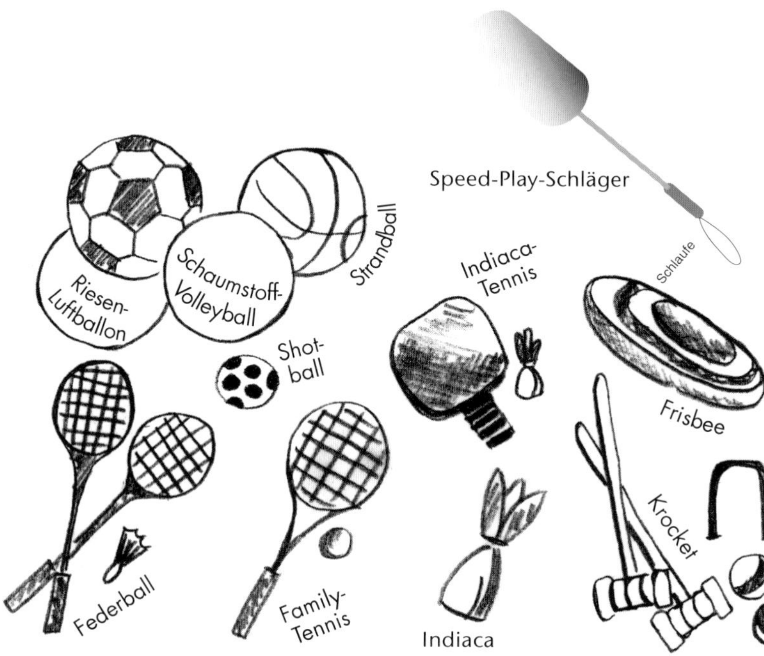

Abb.: Diverse Spielgeräte

II. SPIELBESCHREIBUNGEN

A. Spiele mit Wettkampfcharakter für leistungsorientierte ÄLTERE

Unzählige Ältere in Betriebssportgruppen, in Thekenmannschaften oder in den Gruppen anderer Fachverbände und Institutionen eint die Begeisterung für sportliche Spiele.

Zum Deutschen Turner-Bund zählen auch die vielen Spielerinnen und Spieler, die in den wöchentlichen Turnstunden „ihr" Turnspiel perfektionieren wollen. Ihr Können zeigen sie dann auf Turnieren der Berg-, Gau-, Landes- oder Deutschen Turnfeste und, wie beim Faustball, bei deutschen und internationalen Meisterschaften bis hin zu Weltmeisterschaften.

Die Spielbeschreibungen in diesem Kapitel sind einerseits für diesen Kreis gedacht. Trotzdem sind nur die wichtigsten Regeln und Maße angeführt, da es für jedes der aufgeführten Spiele im offiziellen Wettkampfbereich noch ganz spezielle Durchführungsbestimmungen gibt, deren Inhalte den Rahmen dieses Buches sprengen würden.

Andererseits soll das folgende Kapitel auch denen „Appetit machen", die von einem anderen Sportspiel kommen, das vielleicht im Alter nicht mehr ganz so geeignet ist, wie z.B. Fußball oder Handball. Eventuell wird es auch Übungsleiter und Sportlehrer motivieren, denjenigen, die bisher nur einmal wöchentlich zur Tanz- oder Gymnastikstunde kamen, an einem zweiten Tag eines der beschriebenen Turn- oder Sportspiele anzubieten.

Um jedoch überhaupt Spaß daran zu bekommen, sollten Übungsleiter und Sportlehrer ab und zu als Schwerpunkt ihrer Stunde einmal eines oder einige der folgenden Spiele in abgewandelter Form anstelle des sonst üblichen Programms einsetzen.

Schaumstoffbälle, Straßenbaubänder anstelle der üblichen Netze/Leinen/ Bänder können als Übergang zu den später dann üblichen Materialien sehr hilfreich sein.

A 1. Faustball

Materialien: Ein Faustball, ein Netz (Band oder Leine).
Achtung bei Teilnehmern, die infolge einer Thrombose o.ä. blutverdünnende Präparate wie Markumar einnehmen müssen! Ein Wettkampf-Faustball kann allein beim Schlagen mit dem Unterarm zu einem großflächigen Bluterguss führen. In diesem Fall sollte die gesamte Mannschaft bis zum Absetzen des Medikamentes mit einem sehr gut springendem Schaumstoffball (handballähnlich) spielen.

Spielidee: Zwei Mannschaften stehen sich in durch Netz/Leine/Band in 2 m Höhe getrennten Spielfeldhälften gegenüber und müssen versuchen, den Ball so mit der Faust oder dem Arm in das andere Feld zu bringen, dass es dem Gegner nicht oder nur sehr schwer gelingt, ihn zurückzuspielen. Während eines Spielgangs darf der Ball nur einmal von demselben Spieler und nur dreimal im Ganzen geschlagen werden sowie nur einmal vor jedem Schlag den Boden berühren.

Anzahl der Mitspielenden: Fünf Spieler und drei Auswechselspieler, wobei mindestens vier Spieler im Feld sein müssen. Unter den acht Spielern kann beliebig ausgewechselt werden.

Spielfeld:

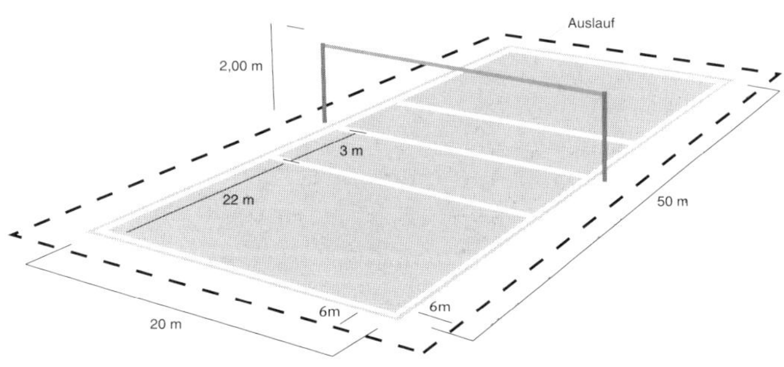

Spielbeschreibung:

Die Länge des Spielfeldes beträgt im Freien 50 m, in der Halle 40 m, während die Breite jeweils 20 m betragen sollte. Außer einer Mittellinie verläuft jeweils 3 m von ihr entfernt die Angabelinie. Die Grenzlinien gehören zum Spielfeld, d.h. ein Ball, der diese Linien berührt, ist noch im Feld.

Zu Spielbeginn wird gelost und der Gewinner kann Feld oder die erste Angabe wählen.

Gespielt werden kann nach Punkten oder nach Zeit. Nach Punkten bedeutet, dass zwei Sätze zu spielen sind und ein Satz gewonnen ist, sobald die Mannschaft 15 Gutbälle bei einer Differenz von mindestens zwei Punkten erzielt hat.

Wird nach Zeit gespielt, so beträgt die Spieldauer 2 x 15 Minuten oder 2 x 10 Minuten mit einer Halbzeitpause von höchstens zwei Minuten.

Jeder Spielgang beginnt mit der Angabe, die von jedem Spieler ausgeführt werden kann. Der Anschläger muss den Ball sichtbar aus seiner Hand werfen und unmittelbar über das Netz (Band/Leine) schlagen. Die Angabe ist gültig, wenn sie im Stehen, Gehen, Laufen oder Springen erfolgt und der Ball den Boden des gegnerischen Feldes oder einen Gegner berührt.

Die Angabelinie und der Boden außerhalb des Spielfeldes dürfen vom Anschläger erst betreten werden, wenn seine erste Bodenberührung mit einem Fuß vor der Angabelinie erfolgt ist.

Der Ball ist gültig zurückgeschlagen, wenn er über das Netz (Band/Leine) geschlagen wird. Schlagen zwei Spieler einer Mannschaft gleichzeitig den Ball, so gilt das als zwei Berührungen und spätestens der nächste Spieler muss den Ball in das gegnerische Feld spielen.

A 2. Prellball

Materialien: Ein Prellball, eine Rundleine oder ein Netz.

Spielidee: In zwei durch Leine/Netz auf 40 cm Höhe getrennten Spielfeldhälften versuchen die Spieler, den Ball so mit der Faust oder dem Unterarm erst ins eigene, dann in das gegnerische Feld zu schlagen, dass er von der gegnerischen Mannschaft nur schwer oder gar nicht den Regeln entsprechend zurückgeschlagen werden kann.

Anzahl der Mitspielenden: Vier Spieler und zwei Auswechselspieler.

Spielfeld:

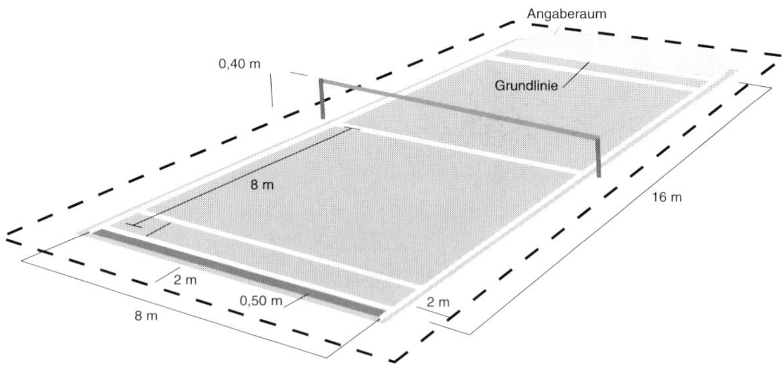

Spielbeschreibung:

Jeder Spielgang beginnt mit einer Angabe, die von einem beliebigen Punkt des Angaberaumes aus erfolgen kann. Der Ball darf dabei nicht aus der Hand geschlagen werden und muss erst den Boden des eigenen Spielfeldes berühren, ehe er auf die Seite des Gegners springt. Der Ball darf immer nur einmal vor jedem Schlag den Boden berühren, wärend eines Spielgangs nur einmal von einem Spieler und dreimal insgesamt geprellt werden. Berühren zwei Spieler einer Mannschaft gleichzeitig den Ball, gilt dies als ein Schlag. Beim gültigen „Prellen" muss die Faust geschlossen sein. Der vom Gegner kommende Ball kann entweder vor oder nach der Bodenberührung im Eigenfeld angenommen, einem Spieler der eigenen Mannschaft zugeprellt oder sofort ins gegnerische Feld zurückgespielt werden.

Ein Ball, der sich außerhalb der Grundlinie oder einer Seitenlinie befindet, kann weitergespielt werden, solange er den Boden dort nicht berührt.

Nach einem Fehler erhält die Mannschaft, die den Fehler verursacht hat, erneut die Angabe. Jeder Fehler einer Mannschaft wird der gegnerischen als Punkt angerechnet. Gewonnen hat die Mannschaft, die nach 2 x 10 Minuten die meisten Punkte erzielt hat. Bei einem Unentschieden wird die Spielzeit um 2 x 5 Minuten verlängert.

A 3. Zweierprellball

Spielbeschreibung:

Prellball kann auch zu zweit in einer Mannschaft gespielt werden. Das Spielfeld ist in diesem Fall 14 x 16 m groß und über der Mittellinie ist in 35 cm Höhe ein Band gespannt. Die Regeln sind fast identisch mit denen des zuvor beschriebenen Mannschaftsprellballs.

A 4. Ringtennis

Materialien: Ein Gummiring, zwei Pfosten, ein 6 m langes Netz.

Spielidee: Im Einzel, Doppel oder Mixed versucht man, den Ring so über das Netz zu werfen, dass ihn der Gegner nicht oder nur fehlerhaft fangen bzw. zurückwerfen kann.

Anzahl der Mitspielenden: 1 gegen 1 oder 2 gegen 2.

Spielfeld:

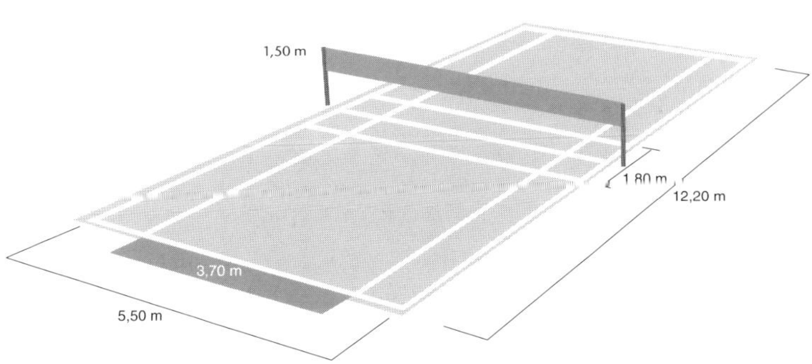

Spielbeschreibung:

Das 12,20 m lange Spielfeld (dieselbe Länge bei Einzel und Doppel, Breite 3,70 m beim Einzel, beim Doppel 5,50 m) wird, wie aus der Abb. ersichtlich ist, durch einen 1,80 m breiten Sperrraum und durch ein in 1,50 m Höhe angebrachtes Netz in zwei Felder geteilt. Der Sperrraum ist „die neutrale Zone“, in die weder der Ring fallen noch ein Spieler treten darf.

Als Fehler gelten weiterhin, wenn der Ring auf den Boden fällt, wenn er das Netz berührt, wenn mit beiden Händen gefangen wird, wenn der Ring „wackelt“, d.h. die Fluglage nicht beibehält oder sich überschlägt, wenn der Ring nicht mit der Hand geworfen wird, wenn über das Netz gegriffen wird, wenn von oben nach unten (Schmetterball) geworfen wird, wenn nicht mit derselben Hand gefangen und geworfen wurde oder wenn der Bewegungsablauf während der Führungs- oder Abwurfphase angehalten wird, sowie ein „Schrittfehler“. Schrittfehler sind mehr als zwei Bodenkontakte nach dem Fangen des Ringes.

Bei der Aufgabe müssen beide Füße des Spielers hinter der Grundlinie sein. Während des Spiels gibt immer der Spieler auf, der den Vorteil erzielt hat, im Doppel und Mixed dürfen sich die Spieler dabei beliebig abwechseln.

Gewonnen hat der Spieler/das Doppel/das Mixed, das nach 2 x 10 Minuten oder 2 x 8 Minuten die meisten „Ringe“ (Punkte) erzielt hat.

A 5. Korbball

Materialien: Zwei Korbballständer, an denen sich jeweils auf 2,50 m Höhe ein Ring mit einem sich nach unten verjüngendem Netz befindet, ein 400 – 500 Gramm schwerer Hohlball.

Spielidee: Zwei Mannschaften versuchen, einen Ball möglichst oft in den jeweils gegnerischen Korb zu werfen und zu vermeiden, dass der Gegner in den ihren wirft.
Im Unterschied zum Basketball hat jede Mannschaft einen Korbwächter, und es darf nicht gedribbelt werden. Erlaubt sind, einmaliges Prellen und bis zu drei Schritte.

Anzahl der Mitspielenden: Jede Mannschaft besteht aus sechs Feldspielern (beim Hallenkorbball statt sechs vier), drei Auswechselspielern und einem Korbhüter.

Spielfeld:

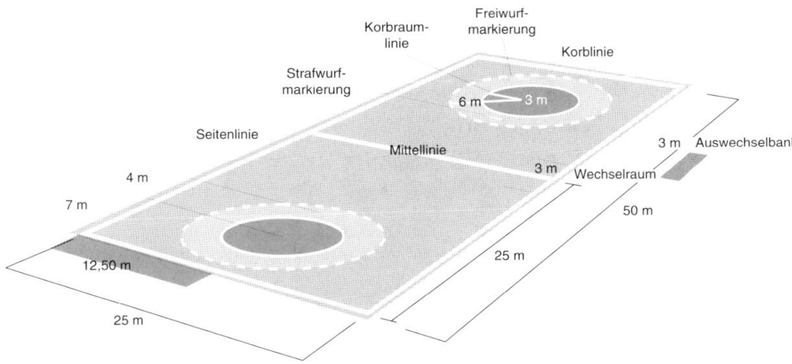

Spielfeld im Freien

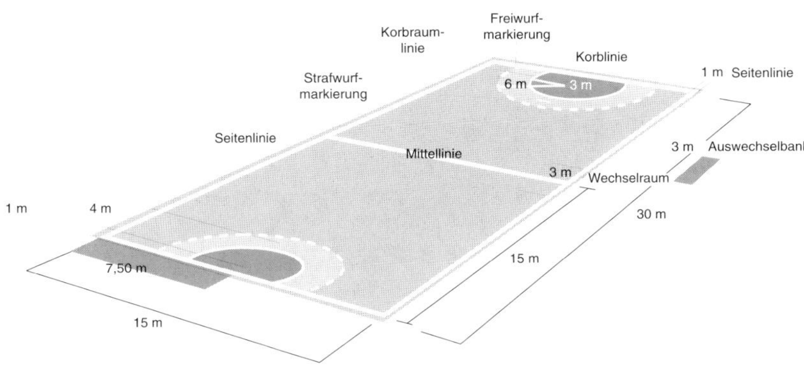

Spielfeld in der Halle

Spielbeschreibung:

Bei Spielbeginn stehen sich die beiden Mannschaften in den durch eine Mittellinie getrennten Spielfeldern gegenüber. Der Ball darf zwar nicht mit den Füßen und Unterschenkeln gespielt werden, sonst jedoch mit dem ganzen Körper. Und er darf nicht länger als drei Sekunden gehalten und mit ihm in der Hand nicht mehr als drei Schritte gelaufen werden, wobei nur ein einmaliges Aufprellen erlaubt ist. Auf jeder Seite steht ein 2,50 m hoher

Korbständer, an dessen Ende sich ein nach unten verjüngendes Netz befindet, sieben Meter von der Korblinie entfernt und um ihn herum ist mit einem Radius von 3 m ein Kreis (die Korbraumlinie) gezogen. Wiederum im Abstand von 3 m verläuft die Freiwurfmarkierung (siehe Abb. S. 43).

Gespielt wird 2 x 15 Minuten, bei einer Pause von fünf Minuten, wobei die Zeit, wie bei Jugendlichen, auch auf 2 x 10 Minuten verkürzt werden kann.

Der Korbraum darf nur vom Korbhüter betreten werden, der sich in ihm mit dem Ball bewegen kann. Verlässt der Korbhüter den Korbraum, so muss dies ohne Ball geschehen, und er unterliegt dann denselben Regeln wie die Feldspieler.

Nach jedem gültigen Korb beginnt das Spiel mit einem neuen Anwurf, den die zuletzt verteidigende Mannschaft ausführt.

Abwandlungen:

Durchaus spielbar ist Korbball auch mit spielungewohnten Älteren, wenn statt des offiziellen Korbballes ein springender Schaumstoffball benutzt wird (weitere Abwandlungen siehe Seite 79 ff).

A 6. Korfball

Korfball kann in zwei Spielfeldhälften oder in drei Spielfelddritteln (auch Dreifach-Korfball genannt) gespielt werden.

Materialien:

Zwei Korbständer, an deren Ende je ein aus Ratan oder Weidenruten (Durchmesser 38-41 cm) geflochtener Korb aufgehängt ist. Der obere Rand befindet sich 3,50 m vom Boden entfernt. Anstelle der vorgeschriebenen Ständer eignen sich auch Korbballständer oder Hochsprungständer, an die man Papierkörbe festbindet.

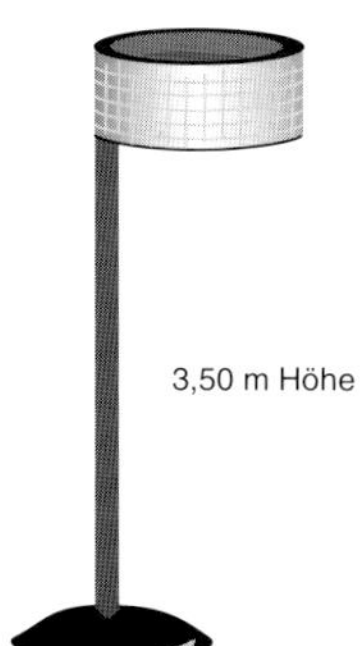

Der Umfang des Balles mit Gummiblase beträgt 68-71 cm, es eignet sich auch ein Fußball der Größe 5 zum Spielen.

Spielidee: Ähnlich dem Korbballspiel, doch werden, immer wenn zwei Treffer erzielt wurden, die Felder gewechselt.
Beim „Dreifach-Korfball" wechseln die Spieler nach zwei Körben vom Fach (Feld) A in das Fach B, von B nach C und von C nach Fach A.

Anzahl der Mitspielenden: Vier Spieler und vier Spielerinnen bzw. beim „Dreifach-Korfball" sechs männliche und sechs weibliche in einer Mannschaft.

Spielfeld: Die Spielfeldgröße beträgt 60 x 30 m bzw. 40 x 20 m.

Dreifach-Korfball

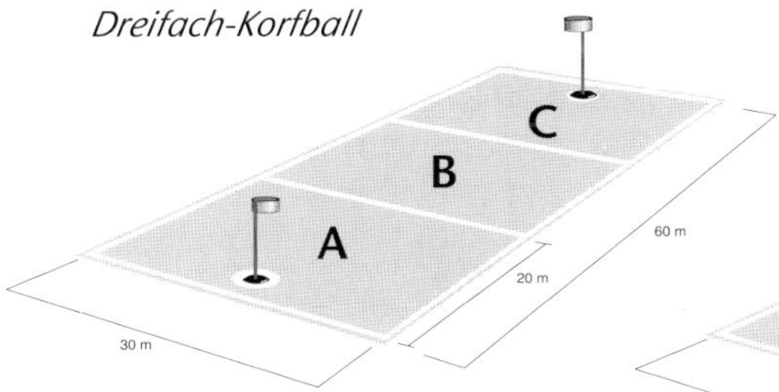

Korfball

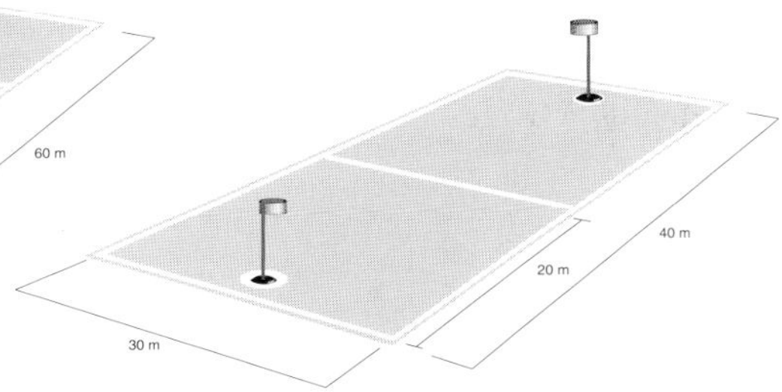

Spielbeschreibung:

Regelwidrig ist beim Korfball, den Ball mit Füßen oder Beinen zu berühren, mit dem Ball zu laufen, ihn zu prellen oder zu dribbeln. Weiterhin ist untersagt, in deutlich behinderter Lage auf den Korb zu werfen. Das ist dann der Fall, wenn ein Abwehrspieler zwischen dem Angriffsspieler und dem Korb abwehrbereit steht. Zudem darf dem Gegner nicht der Ball aus der Hand geschlagen werden und er darf nicht gesperrt, abgedrängt oder festgehalten werden. Korfball ist ein Spiel ohne Körperkontakt. Die direkte Zuordnung Angreifer/Verteidiger nach Geschlecht, Größe und Spielstärke ermöglicht Spielern beiderlei Geschlechts und unterschiedlichen Könnensstandes, mit gleichen Spiel- und Erfolgsanteilen gemeinsam zu spielen. Aus den vorgenannten Gründen ist Korfball wohl das beste gemischtgeschlechtliche Wettkampfspiel. Es wird empfohlen, nach modifizierten Korbballregeln zu spielen.

A 7. Tchoukball

Materialien:

Ein springender Schaumstoffball, d.h. vom Typ Handball oder ein Hand-, Volley- oder Gymnastikball, zwei Tchoukball-Frames.
Ein Frame ist ein Rahmen mit elastischem Netz und sieht minitrampolinähnlich aus.
Doch falls keine Frames vorhanden sind, eignen sich eher andere Alternativen als Minitrampoline, da der Ball in ihnen „kleben" bleiben würde.

Tchoukball-Frame

Stehen keine Frames zur Verfügung, kann man gegen die Stirnseite einer Hallenwand spielen. Dabei bezieht man die in den meisten Hallen aufgezeichneten Volleyball-Grundlinien mit ein. Über sie muss der Ball zurückspringen. Auch wird am besten die Hallenwand abgeklebt, sodass z.B. nur in eine markierte Zone geworfen werden darf (Höhe vom Boden aus 1,50 m und nur bis zu 2,50 m hoch).

Als weitere Alternativen für nicht vorhandene Frames eignen sich
a) eine schräg gestellte Tischtennisplatte gegen einen Kasten oder
b) vier bis fünf zusammengelassene Kastenzwischenteile (ohne Oberteil), die zur Wand gekippt werden und nur mit ihren vorderen Holzdochten in das Kastenunterteil greifen. So kann der Aufbau nicht fortrutschen, zur weiteren Sicherung empfiehlt es sich, noch eine Matte davorzulegen.

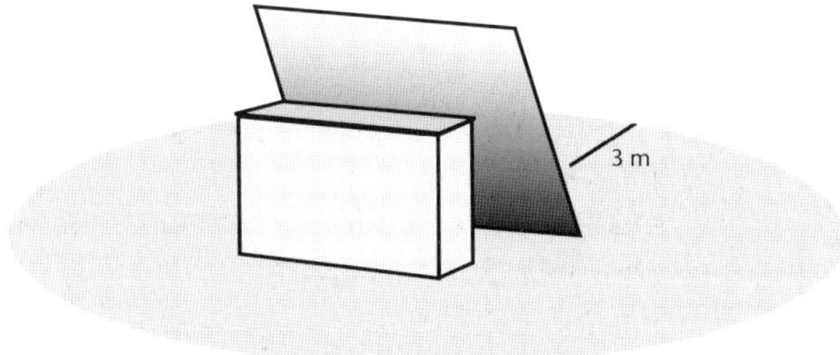

a) schräg gestellte Tischtennisplatte

b) schräg gestellter Kasten

Abb. : Alternativen zu Tchoukball-Frames

Spielidee: Der Ball muss so von Team A gegen das Frame von Team B geworfen werden, dass der Rebound innerhalb des vorgeschriebenen Feldes landet bzw. von der gegnerischen Mannschaft nicht gefangen werden kann (Squash-Prinzip). Nur so erzielt man Punkte.

Anzahl der Mitspielenden: Sechs Spieler und drei Auswechselspieler pro Team.

Spielfeld: In kleinen Hallen nimmt man am günstigsten das Basketballfeld als Spielfeld und die Angriffszone als Wurfkreis, sonst 22 x 11 m.

Im Freien 40 x 20 m.

Das Frame befindet sich innerhalb eines Wurfhalbkreises von 3 m.

Im Gegensatz zu allen anderen Sport- oder Turnspielen gibt es keine direkt zugeordneten Spielfeldhälften und Frames.

Jede Mannschaft kann auf jedes Framespielen.

Abb.: Tchoukball-Spielfeld

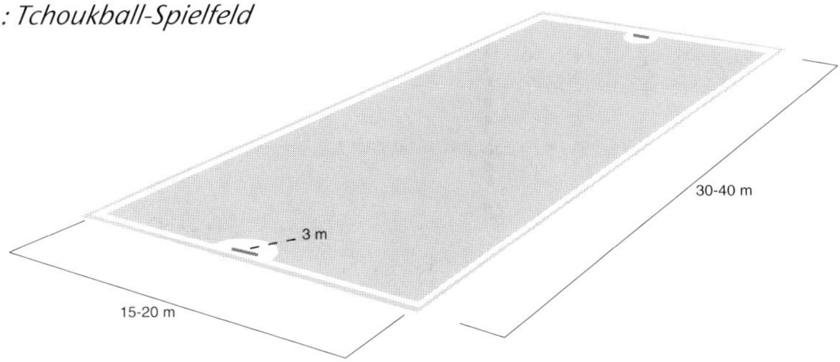

Spielbeschreibung:

Die Spieler dürfen einen Pass der gegnerischen Mannschaft nicht annehmen oder dessen Spieler behindern. Ballverlust durch Fangfehler oder Spielen des Balles ins Aus führen zu einem Freiwurf für das andere Team an der Stelle, an der der Fehler verursacht wurde.

Den Spielern ist nicht erlaubt, mehr als drei Schritte mit dem Ball in der Hand zu laufen, ihn nicht mehr als drei Sekunden zu halten und nicht mehr als dreimal, ohne Bodenkontakt, zuzupassen. Es darf auf beide Frames geworfen werden, aber maximal dreimal auf dasselbe, sodass die „Drei" so etwas wie eine magische Zahl ist.

Wirft z.B. die Mannschaft A auf das Frame, gibt es für die eigene Mannschaft einen Punktgewinn, wenn

- der Ball außerhalb des Wurfkreises auf den Boden springt.

Die Mannschaft B erhält dagegen einen Punkt, wenn

- der Ball innerhalb des Wurfkreises auf den Boden fällt,
- der Ball das Ziel (Frame) verfehlt,
- der Ball außerhalb des Spielfeldes aufspringt oder wenn
- der Rebound den „Schützen" trifft.

Gespielt wird bei Älteren 3 x 10 Minuten mit Pausen von jeweils fünf Minuten.

Bemerkungen:

Da die Mannschaften nur durch integratives Spiel zum Erfolg kommen, wird das traditionelle aggressive Zweikampfverhalten der meisten Sportspiele ausgeschlossen. Dies kann allerdings auch gerade bei Spielern mit einer ausgesprochenen Spielerbiografie zu Unmutsäußerungen und Unlustgefühlen führen.

A 8. Fußballtennis

Materialien: Pro Spielfeld ein Fußball/Zeitlupenball/Schaumstoffball oder Wasserball und zwei Ständer, Baustellenband/ eine Leine oder zwei Bänke.

Spielidee: Der Ball muss, ohne Arme oder Hände zu berühren, mit dem Fuß, Knie, Kopf oder Rumpf so über eine Leine in das gegnerische Feld gespielt werden, dass die andere Mannschaft ihn nicht oder nur schwer zurückspielen kann.

Anzahl der Mitspielenden: 2-4 pro Teilnehmer pro Spielfeld.

Spielfeld: Die Größe des Spielfeldes richtet sich nach der Anzahl der Teilnehmer. Beim Spiel 2 gegen 2 sollte es nicht größer als 10 x 5 m sein. Wird 4 gegen 4 gespielt, so ist eine Größe von 10 x 20 m zu empfehlen.
Das Spielfeld wird in 1,50 m Höhe durch ein Baustellenband/eine Leine oder zwei übereinander gestellte Bänke in zwei Hälften geteilt.

Abb.: Spielfeld 2 gegen 2

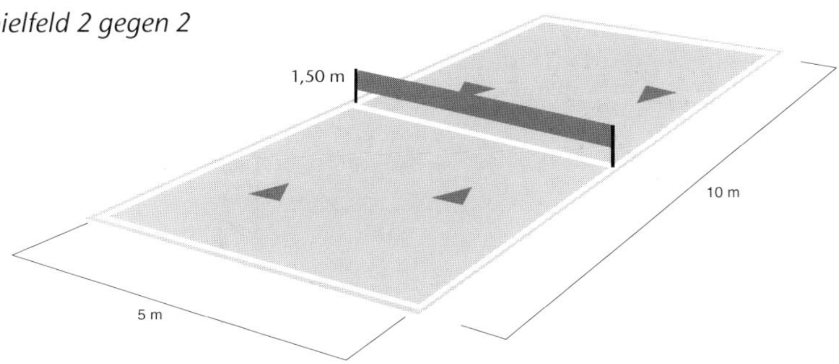

Abb.: Spielfeld 4 gegen 4

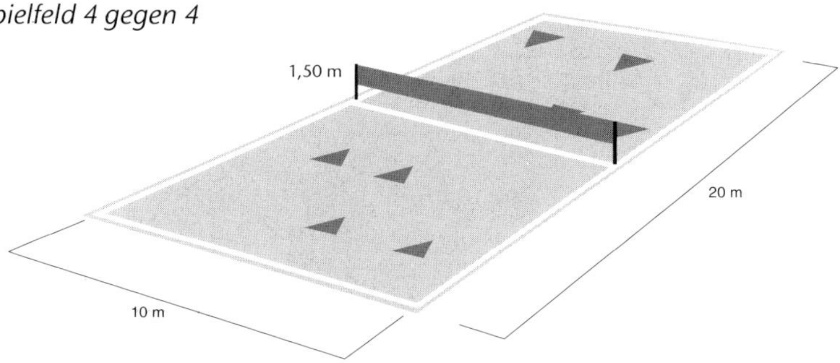

Spielbeschreibung:

Bei der Aufgabe wird der Ball mit dem Fuß von der Grundlinie aus über die Leine in das gegnerische Feld geschossen. Dort darf er während eines Spielgangs nur einmal aufspringen. Erlaubt ist jedoch, dass der Ball dreimal von verschiedenen Spielern innerhalb der eigenen Spielfeldhälfte berührt wird. Spätestens nach der dritten Berührung muss der Ball nach Fußballregeln wieder über die Leine gespielt werden. Das Aufgaberecht geht an das Team, das den letzten Punkt erzielt hat. Gespielt wird 2x10 Minuten.

Abwandlung:

Der Ball darf jedes Mal, bevor ein Spieler ihn spielt, aufspringen, d.h. er kann bis zu dreimal während eines Spielgangs den Boden berühren. Auch die Zählweise kann in der Form verändert werden, dass nur die aufgebende Partei Punkte erzielen kann oder aber, dass die Partei, die zuletzt einen Fehler machte, die Aufgabe erhält.

A 9. Volleyball

Materialien: Zwei Ständer, ein Netz, ein Volleyball.

Alternativ: Leicht fliegende Strandbälle, wieder aufpumpbare, größere Luftballons, Zeitlupenbälle, ummantelte Schaumstoffbälle (von denen ohne „Mantel" können Staubkörnchen leicht in die Augen fliegen) oder Beach-Volleybälle, die griffiger und nicht so „verletzungsträchtig" wie die Original-Volleybälle sind. Letztere sollten auf keinen

Fall in Mannschaften benutzt werden, in denen Teilnehmer mitspielen, die blutverdünnende Mittel wie Markumar einnehmen müssen (siehe auch unter Faustball, S. 38).

Spielidee: Der Ball muss so über das Netz gespielt werden, dass die gegnerische Mannschaft ihn nicht oder nur fehlerhaft zurückspielen kann.

Anzahl der Mitspielenden: Pro Mannschaft sechs Spieler und sechs Ersatzspieler.

Spielfeld: Die Spielfeldgröße beträgt 18 x 9 m. Durch ein meterbreites Netz, dessen Oberkante je nach Alter und Geschlecht der beteiligten Mannschaften zwischen 2,20 m und 2,43 m hoch sein kann, wird das Spielfeld in zwei Hälften geteilt.
Beim Volleyball der Älteren sollte, um Fußverletzungen zu vermeiden, auf jeder Seite 50 cm von der Mittellinie entfernt eine Linie markiert werden, die während eines Angriffs nicht übertreten werden darf, auch kann durch das Höherhängen des Netzes auf 2,50 m das Spiel etwas „besänftigt" werden.

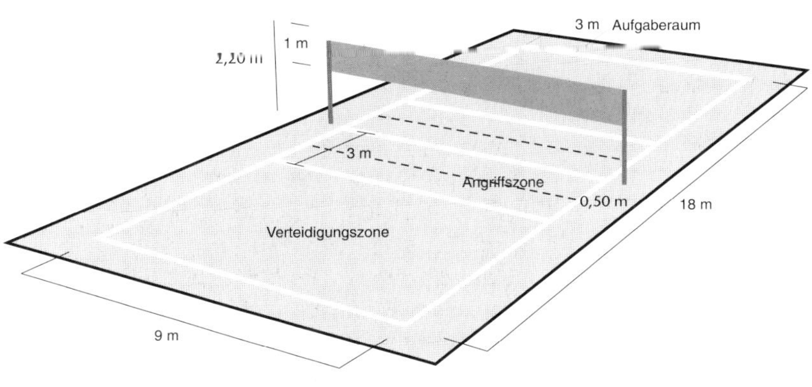

Spielbeschreibung:

Zu Spielbeginn wird der Ball aus dem Aufgaberaum über das Netz in das Gegenfeld geschlagen, und zwar von dem Spieler 1, dem rechts stehenden Hinterspieler. Die Gegenspieler versuchen nun, den Ball, ohne dass er im eigenen Feld zu Boden fällt, zurückzuschlagen. Dazu können sie ihn untereinander abspielen. Spätestens beim dritten Schlag muss der Ball wieder über das Netz fliegen, wobei ein Spieler den Ball zweimal spielen darf, wenn ihn zwischendurch ein anderer berührt hat. Punkte gibt es nur für die „aufgebende" Mannschaft durch Fehler der Gegenmannschaft. Solche können sein:

Wenn der Ball nicht richtig gepritscht wird, wenn der Ball mehr als dreimal gespielt wird, wenn ein Spieler die Mittellinie übertritt usw.

Begeht jedoch die angebende Mannschaft einen dieser Fehler oder berührt der Ball bei ihrem Aufschlag das Netz, so gewinnt die Gegenpartei das Aufschlagrecht. Nach jedem Aufschlagwechsel tauscht die Mannschaft, die den Aufschlag gewonnen hat, im Uhrzeigersinn ihre Plätze. Gespielt wird meistens über zwei bzw. bei größeren Turnieren und im internationalen Bereich über drei Gewinnsätze. Hat eine Mannschaft mit einem Vorsprung von zwei Punkten mindestens 15 Punkte erreicht, so ist der Satz gewonnen.

A 10. Völkerball

Materialien: Im Wettkampfbereich ein 320-380 Gramm schwerer Hohlball.
Im breitensportlichen Bereich sollten weichere Bälle eingesetzt werden: Schaumstoff- oder Wasserbälle. Vor allem Spieler, die blutverdünnende Mittel wie Markumar einnehmen, müssen sonst mit großflächigen Blutergüssen rechnen.

Spielidee: Jede Mannschaft versucht, die Spieler der Gegenpartei mit dem Ball abzutreffen.

Anzahl der Mitspielenden: Im Wettkampfbereich: Ein Grundlinienspieler, sieben Feldspieler und vier Auswechselspieler. Im breitensportlichen Bereich: möglichst nicht mehr als im Wettkampfbereich, da durch zu engen Raum die Unfallgefahr noch größer wird.

Spielfeld: Die Spielfeldhälften von 9 x 9 m werden durch eine Mittellinie voneinander getrennt.

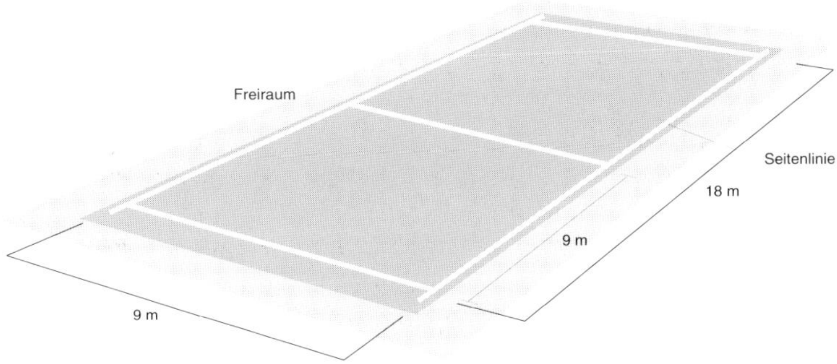

Spielbeschreibung:

Zu Spielbeginn befinden sich mindestens sechs Spieler im Feld, noch zwei weitere können bei der nächsten Spielunterbrechung dazukommen. Zunächst wirft einer der Grundlinienspieler über das Feld der gegnerischen Mannschaft zur eigenen Mannschaft und diese noch einmal zurück zum Grundspieler, erst dann darf versucht werden, jemanden abzutreffen. Jeder abgetroffene Spieler muss zur gegenüberliegenden Grundlinie und kann von dort weiterhin am Spiel teilnehmen. Abgeworfen werden kann sowohl vom Spielfeld als auch von der Grundlinie aus, ein Freiwerfen ist in der Wettkampfversion des Spieles nicht erlaubt. Die Mannschaft, deren Spieler abgetroffen ist, erhält danach den Ball. Jedes Verlassen des eigenen Feldes beim Werfen und Fangen sowie das Betreten der Grundlinie durch die hinter der Grundlinie stehenden Spieler wird mit Ballabgabe an die Gegenmannschaft geahndet. Nicht als Fehler gelten dagegen der sogenannte „Erdball" (wenn der vom Gegner kommende Ball erst den Boden berührt und dann trifft) und wenn ein vom Gegner kommender Ball einen Spieler trifft, abprellt und von ihm selbst oder einem anderen Spieler anschließend gefangen wird. Der Grundlinienspieler muss ins Feld, wenn nur noch zwei Spieler seiner Mannschaft übrig geblieben sind.

Die Mannschaft, die alle gegnerischen Spieler abgeworfen hat, gewinnt den Satz. Das Spiel besteht aus zwei Gewinnsätzen. Zusätzlich fließen die nicht abgetroffenen Spieler in die Zählung ein.

Bemerkungen:

Da Völkerball auch von der Gruppe „50 Plus" z.T. wettkampfmäßig betrieben wird, wurde es in die Beschreibungen mit aufgenommen. Unter dem Gesichtspunkt erhöhter Verletzungsgefahr (siehe Seite 25) ist Völkerball nicht zu empfehlen.

A 11. Indiaca

Materialien: Ein 1 m breites und 6,10 m langes Netz, zwei Pfosten, ein „Indiaca-Turnier".

Spielidee: Zwei Mannschaften müssen das Indiaca so spielen, dass die gegnerische Mannschaft ihn nicht oder nur regelwidrig zurückspielen kann.

Anzahl der Mitspielenden: Eine Mannschaft besteht aus fünf Feld- und zwei Auswechselspielern. Bei gemischten Mannschaften aus mindestens zwei weiblichen und zwei männlichen Teilnehmenden.

Spielfeld: Netzhöhe für Über-Vierzigjährige 2,15 m.
Das Spielfeld ist 16 x 6,10 m groß, der Aufschlagraum ist hinter der rechten Seite der Grundlinie (3,05 m zwischen rechter Seitenlinie und Mitte der Grundlinie) und das Angriffsfeld wird 3 m von der Mittellinie auf jeder Seite durch eine Linie abgegrenzt. Hinter den Grundlinien und an den Längsseiten sollte jeweils eine Freizone von ca. 2 m sein.

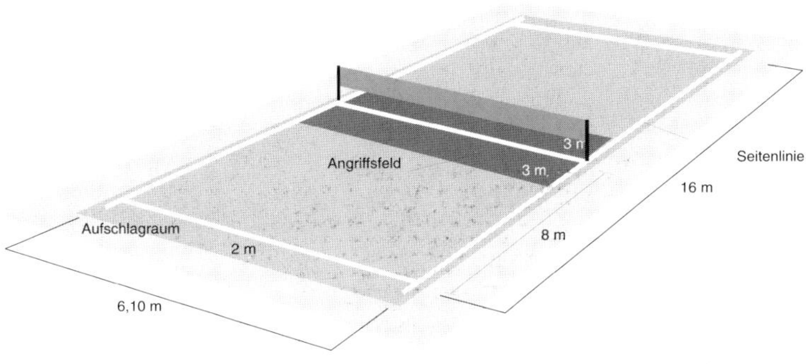

Spielbeschreibung:

Zu einer Mannschaft gehören mindestens vier Spieler. Der Aufschlag wird aus dem Aufschlagraum von dem hinteren rechten Spieler ausgeführt. Alle Spieler dürfen im Augenblick des Aufschlags ihre Positionen nicht verlassen.

Beim Aufschlag darf das Indiaca das Netz nicht berühren, während des Spiels darf es dagegen nach Netzberührung weitergespielt werden. Das Indiaca darf nicht geführt werden, sondern muss abprellen, auch Rückhand und Faust sind erlaubt. Es darf von einem Spieler nicht zweimal hintereinander (Ausnahme Block) und nur bis zu dreimal während eines Spielzuges in einer Spielfeldhälfte gespielt werden. Ein Abwehrblock zählt nicht als

Berührung. Die Rückspieler (I und V) gelten als Verteidigungsspieler, die Netzspieler (II, III und IV) als Angriffsspieler. Im Angriffsraum dürfen Verteidigungsspieler das Indiaca nur von unten ins gegnerische Feld spielen, außerdem dürfen sie nicht mit blocken. Wie beim Volleyball rotiert immer die Mannschaft, die das Aufschlagrecht neu erhält, im Uhrzeigersinn.

Gespielt werden kann nach Zeit oder nach Gewinnsätzen. Wird „nach Zeit" verabredet, so bedeutet das 2 x 15 Minuten, im anderen Falle sind zwei Gewinnsätze erforderlich. Für den Gewinn eines Satzes sind 25 Punkte zu erzielen. Ist ein Entscheidungssatz notwendig, werden nach dem 13. Punkt die Seiten getauscht.

A 12. Ultimate-Frisbee/Mannschaftsfrisbee

Materialien: Eine ca. 170 g schwere Frisbeescheibe.

Spielidee: Ziel ist es, die Scheibe innerhalb der gegnerischen Endzone zu fangen und somit einen Punkt zu erzielen.

Anzahl der Mitspielenden: Zwei Mannschaften zu je sieben Spielern.

Spielfeld: Am besten eignet sich ein Fußballfeld, in dem ca. 22 m auf jeder Seite als jeweilige „Endzone" gekennzeichnet ist, sodass in der Mitte ein Hauptspielfeld von 65 m übrig bleibt.

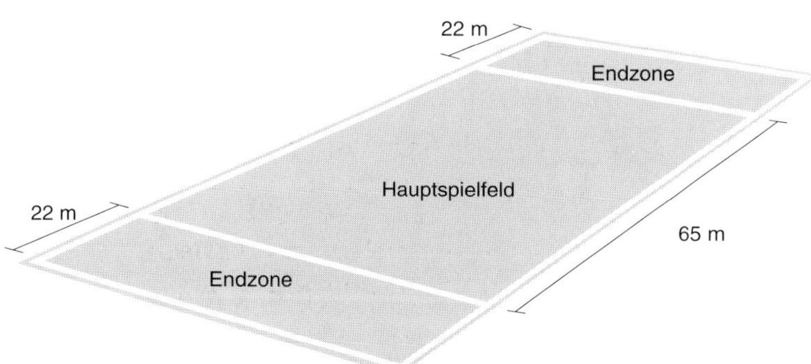

Spielbeschreibung:

Sobald die Scheibe den Boden berührt, wechselt sie den Besitzer. Mit dem Frisbee in der Hand darf nicht gelaufen werden. Jede behindernde Berührung des Gegners gilt als Foul. Zum Werfen darf man einen Sternschritt ausführen.

Ultimate-Frisbee kommt, auch bei Meisterschaften, ganz ohne Schiedsrichter aus. Ein gefoulter Spieler ruft „Foul" und das Spiel wird angehalten.

Dann gibt es zwei Möglichkeiten: Entweder stimmt der Gegenspieler dem Ruf zu und der Gefoulte erhält den Scheibenbesitz, oder der Gegenspieler ist anderer Ansicht, worauf die Scheibe an den letzten Werfer zurückgeht. Ob auf Zeit oder bis zu einem bestimmten Punktestand gespielt wird, machen die Spielleiter jeweils vor dem Spiel aus.

A 13. Gulli-Ball

Materialien: Vier Zauberschnüre, ein Strandball, vier Saughaken zum Befestigen der Zauberschnüre, ein Volley-, Schaumstoff- oder Strandball.

Spielidee: Einige Elemente stammen aus dem Volley-, andere aus dem Tchoukball.
Man versucht, einen Ball so in den gegnerischen „Gulli" zu spielen, dass der Gegner ihn nicht oder nur fehlerhaft zurückspielen kann.

Anzahl der Mitspielenden: Fünf bis acht pro Mannschaft.

Spielfeld:

Beim Gulli-Ball gibt es außer einer Mittellinie (siehe Abb.) keinerlei Auslinien. Zwei Zauberschnüre bilden auf jeder Seite in einem Abstand von 1,50 m zueinander und 4 m von der Schmalseite entfernt in 2 m Höhe über die gesamte Breite des Spielfeldes den „Gulli".

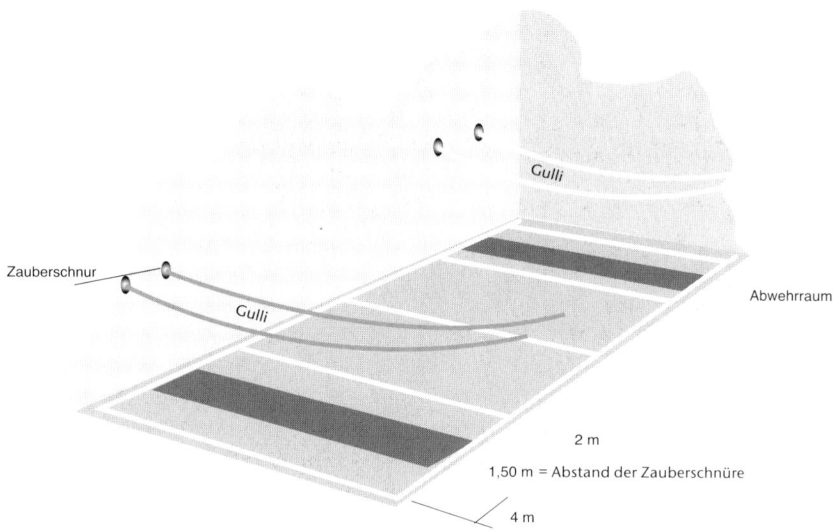

Spielbeschreibung:

Die Mannschaft stehen sich nur bei Spielbeginn bzw. nachdem die gegnerische Mannschaft einen Punkt erzielt hat, in ihren Spielfeldhälften gegenüber. Anschließend darf sich jeder Spieler auf dem gesamten Spielfeld frei bewegen mit Ausnahme der Angreifer, die den gegnerischen Abwehrraum zwar durchlaufen, sich aber sonst nicht darin aufhalten dürfen.

Während des Spiels darf der Ball Wände und Decke berühren, nicht aber den Boden. Er darf nur abprellen, sodass meistens ein Pritschen oder Baggern dabei herauskommt. Der Ball darf mit den Händen, Armen, mit dem Kopf, dem Rumpf und den Beinen, nicht aber mit den Füßen gespielt werden. Er darf zudem nicht gefaustet, nicht gefangen, nicht geworfen und nicht geführt werden. Jede Behinderung des Gegners, selbst ein „Im-Wege-Stehen", wird abgepfiffen. Der Ballwechsel geschieht ausschließlich durch fehlerhaftes Zuspiel. Ein Punkt ist erzielt, wenn der Ball von oben in den gegnerischen Gulli gespielt wird und den Boden berührt, oder wenn der abwehrende Spieler ihn nicht durch den Gulli wieder zurückspielen kann. Fällt der Ball während des sonstigen Spieles zu Boden, gibt es für die „nicht ballbesitzende" Mannschaft einen Freischlag am Ort des Fehlers, und die Gegenspieler müssen mindestens drei Schritte von dem ihn Ausführenden entfernt sein. Die Mannschaft hat gewonnen, die in einer vorher festgelegten Zeit die meisten Punkte erzielt hat.

Abwandlungen:
- Es kann vorher festgelegt werden, dass nicht mehr als z.B. sechs Ballberührungen einer Mannschaft pro Spielzug erlaubt sind, und dass dann versucht werden muss, in den Gulli zu treffen.
- Der Ball kann auch wie beim Squash gegen die Wand und weitergespielt werden.

A 14. Organisation von Turnieren

Der Reiz des Wettbewerbs zwischen Einzelspielern oder Mannschaften kann als bekannt vorausgesetzt werden. Ebensolchen Stellenwert hat das kontaktfördernde Moment von Turnieren. Vor, während und nach den Spielen wird miteinander gesprochen und diskutiert. Man lernt sich kennen und es werden Erfahrungen ausgetauscht.

Im Folgenden sollen keine Vorschläge für Meisterschaften gemacht werden, sondern nur verschiedene Möglichkeiten der Wertung/der Organisation für den normalen Spielbetrieb bzw. zeitweilige Turniere gegen andere Vereine/ Institutionen/Gruppen aufgezeigt werden.

Turniere lassen sich nach ihrer Intention unterscheiden in Gesellschaftsturniere und Wettbewerbsturniere.

Die Grundidee bei einem Gesellschaftsturnier besteht darin, den Teilnehmern mehrere Spielpartner oder Mannschaften zu vermitteln, ohne dass es zum Schluss dieser Turnierform unbedingt einen Gesamtsieger geben muss.

Bei den Wettbewerbsturnieren kommt es darauf an, den besten Teilnehmer/die beste Mannschaft zu ermitteln.

Man bedient sich eines Austragungsmodus, der es den Teilnehmern/der Mannschaft ermöglicht, an mehreren Spielen teilzunehmen.

Hier gibt es zwei Hauptaustragungsmodi:

- das Punktspielsystem (jeder gegen jeden) und
- das KO-System (wer ein Spiel verliert, scheidet aus).

Das Punktspielsystem ist wohl die überzeugendste Wettbewerbsform, da der „Stärkste" auf diese Weise am sichersten ermittelt wird. Er muss alle bzw. die meisten besiegen. Die Wertung kann so erfolgen, dass der Sieger zwei, der Verlierer null Punkte erhält und bei einem Unentschieden an jeden Spieler/jede Mannschaft ein Punkt vergeben wird.

Das KO-System ermittelt dagegen durch fortwährende Aussonderung den Ersten. Hier kann es vorkommen, dass die spielstärksten Teams schon sehr früh aufeinander treffen und daher nicht unbedingt das absolut beste gewinnt. Die Verlierer der ersten Runde haben z.B. nur ein Spiel, die Finalisten können dagegen mehr als viermal spielen. Das Losglück spielt zu Beginn, aber auch später, wenn die jeweils neuen Paarungen unter den Siegern erneut zusammengelost werden, eine nicht unerhebliche Rolle.

Beim KO-System sind noch die folgenden Unterformen bekannt: das kombinierte KO-/Punktspielsystem, das verzweigte KO-System, das KO-System mit Bewährungsrunde (Trostrunde) und das KO-System bei unterschiedlich starken Teilnehmerfeldern, die jedoch an dieser Stelle nicht weiter beschrieben werden.

Eine Mischform der beiden Austragungsmodi Gesellschafts- und Wettbewerbsturnier ist das sogenannte „Kaiserspiel". Hier haben die Teilnehmenden, besonders auch die Spielschwächeren, genügend Spielchancen, und es lässt sich trotzdem ein Sieger ermitteln.

In einer Normalturnhalle wird man für Spiele wie Ringtennis, Prellball, Indiaca u.a. immer vier Spielfelder markieren können, sodass acht Spieler/Paare oder Mannschaften zur gleichen Zeit spielen können. Angenommen, es bleiben zwei übrig, so kommen diese auf die Reservebank (siehe Abb. S.61), wo es entsprechend der Gesamtmitspielerzahl einen oder zwei Reserveplätze (R1 und R2) gibt.

Es wird eine vorher festgelegte, verkürzte Spielzeit gespielt und dann die jeweiligen Sieger und Verlierer festgestellt. Bei einem Unentschieden muss der nächste Punkt noch ausgespielt werden. Die Verlierer rücken jeweils nach rechts, Richtung Reservebank, die Sieger nach links. Auf dem Spielfeld 1 wird zum Schluss der „Kaiser" des Turniers gekürt. Es geht also darum, auf die Spielfläche zu kommen und sich dort zu halten. Der Verlierer von Spielfläche 4 rückt auf die Reservebank, der Spieler/die Mannschaft des Reserveplatzes 1 rückt auf in das Spielfeld 4 und der Betreffende/die Mannschaft von Reserveplatz 2 auf Reserveplatz 1.

Organisation des „Kaiserspiels"

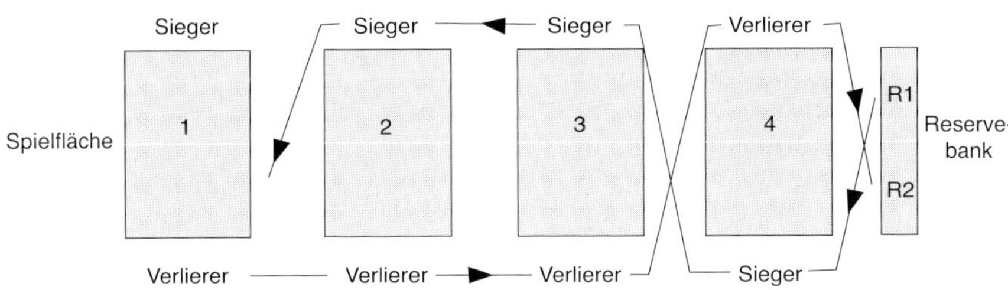

Abb.: Die Organisation von Turnieren
Nach: BÖNSCH, M. In: Lehrhilfen für den Sportunterricht, 9/1982, 142.

Wie beschrieben, rücken genauso in der zweiten Runde die Verlierer wieder nach rechts, die Sieger nach links. Auf der Spielfläche 4 spielt jetzt auf jeden Fall der zweite Reservist/die zweite Reservemannschaft. So geht es nun Spielrunde um Spielrunde weiter. Wenn 50 Spielminuten verabredet worden sind, bedeutet das zehn Runden, d.h. bestenfalls zwanzig verschiedene Gegner. Beim Kaiserspiel können Spielerzahl, Spielflächen und -zeiten variiert werden. Kennt man vorher die unterschiedlichen Spielstärken, ist es günstig, die „starken" Mannschaften auf der Reservebank oder im Feld 4 beginnen zu lassen.

Sieger ist die Mannschaft, die nach Beendigung der Spielrunden im Kaiserfeld ist, oder, wenn nebenher noch die Einzelergebnisse festgestellt wurden, die das beste Vergleichsergebnis hat.

B. Spiele für „fitte“, gesundheits-orientierte ÄLTERE

Die Überschrift zu diesem Kapitel legt die Vermutung nahe, dass die im vorausgegangenen Abschnitt dargestellten Spiele mit Wettkampfcharakter nicht gesundheitsförderlich seien. Weder ist das so noch soll dieser Eindruck erweckt werden. Vielmehr zielen die jetzt folgenden Spiele auf den Typ der Älteren ab, der ein Leben lang Sport betrieben hat, jedoch nicht oder nicht mehr an Wettkämpfen/Turnieren teilnehmen möchte. Bei ihm ist das Interesse an Gesunderhaltung durch Bewegung ausgeprägt, und er beschränkt sich nicht auf ein einziges Sportspiel. Hier finden sich auch die Sporttreibenden, die neben Tennis, Golf oder Tischtennis an weiteren Sportstunden teilnehmen wollen, in denen sie vielseitiges Fitnesstraining, Spaß und Gruppenerlebnisse erwarten.

Nicht nur bei den Älteren des Deutschen Turner-Bundes, auch bei den meisten anderen Sportverbänden nimmt bei der Gruppe der „lebenslang“ Sporttreibenden der inhaltliche Anteil an Gymnastik und Tanz zu und das Interesse an einige Sportspielen (Handball, Basketball z.B.), dem Gerätturnen, der Leichtathletik und anderen Individualsportarten naturgemäß ab. Ist dieser Rückgang in den Statistiken der einzelnen Sportverbände nicht oder nur schwer zu erkennen, so liegt das daran, dass sich inzwischen viele Fachverbände auf die Gruppe der Älteren eingestellt haben. Sie versuchen aber, nicht nur ihre eigene Sportart „altersgemäß aufzubereiten“, sondern, gerade weil dies nicht immer oder nur bedingt machbar ist, führen sie daneben oder in vielen Fällen auch nur für die Mitglieder der Gruppe „50 Plus“ gesundheitsorientierte Angebote in Form von Gymnastik, Seniorobic, Walking usw. durch. Dieser Teilnehmerkreis taucht in der Mitgliederstatistik dann vielfach auch noch in der jeweiligen Sportart des Fachverbandes und nicht in der Gymnastik o.a. auf.

Die Erfahrung zeigt, dass dieser vorgenannte Teilnehmerkreis oftmals gerne spielt, aber nicht, wie „leistungsorientierte Spieler“, schwerpunktmäßig ein bestimmtes Turn- oder Sportspiel in den Vordergrund gestellt haben möchte. So sind die folgenden Spiele und Spielformen hauptsächlich zur Einstimmung, als Auflockerung während der Sportstunde oder als Ausklang, beinahe nie aber als Mittelpunkt einer solchen gedacht.

Da es sich nicht um „genormte" Spiele handelt, wird in der Systematik der Spielbeschreibung auf die Kategorie „Spielfeld", wie sie im vorhergehenden Kapitel verwendet wurde, verzichtet. Die Übungsleiter passen die meisten der folgenden Spiele den jeweiligen örtlichen Gegebenheiten sowie dem Teilnehmerkreis an.

Im ersten Teil werden sogenannte „verfremdete" Spiele beschrieben, deren Spielregeln z.T. im vorhergehenden Kapitel nachgelesen werden können oder in Kurzform dem Kapitel vorangestellt werden. Die Verfremdung kann durch Veränderung der Fortbewegung, der Regeln, des Spielgeräts und der Körbe/Tore geschehen und soll eigentlich immer dazu dienen, Abwechslung in das Üben/Trainieren irgendwelcher Grundfertigkeiten zu bringen. Handicaps oder Würfelglück ermöglicht oftmals, dass durchaus auch heterogene Gruppen miteinander spielen können, und dass es zeitweise wenigstens nicht ganz so „ernsthaft" zugeht und damit der Ehrgeiz etwas zurückgeschraubt wird.

Fußballähnliche Spiele

Materialien: Pfosten, Matten, Medizinbälle oder Kastenteile als Tore und je nach Spielform weitere, vor der jeweiligen Abwandlung aufgeführte Geräte.

Spielidee: Bei allen Spielformen geht es darum, wie beim Fußball Tore zu erzielen.

Anzahl der Teilnehmenden: Mindestens sechs, höchstens 24.

B 1. Siamesisch-Fußball

Materialien: Zwei Matten, ein Strand- oder Schaumstoffball.

Spielbeschreibung:

Jeweils zwei Spieler haken sich unter und dürfen immer nur mit dem „äußeren" Fuß gegen den Ball treten. Gespielt wird in der Halle ohne Torwart auf eine an jeder Stirnseite hochgestellte Matte. Bei dieser Spielform empfiehlt es sich, einen Strafraum zu markieren, der von niemandem betreten werden darf.

B 2. Würfelfußball

Materialien: Ein Schaumstoffwürfel.

Spielbeschreibung:

Anstelle des Schaumstoffballes oder Wasserballes wird mit einem großen Schaumstoffwürfel auf jeweils zwei Tore des Gegners gespielt und gleichzeitig werden zwei eigene verteidigt. Die Tore sind diagonal in den vier Ecken durch umgekippte Sprungkästen (mit der Lederfläche zum Spielfeld) angeordnet.

Trifft der Würfel die Lederfläche, zählt dies nicht nur einen Punkt, sondern der Treffer ergibt jeweils die Punkte, die nach dem Zur-Ruhe-Kommen des Würfels oben liegen.

Es empfiehlt sich, mit zwei Auswechselspielern zu spielen, die dann jedes Mal während ihrer Auszeit die „Buchführung" übernehmen.

B 3. Eierfußball

Materialien: Ein weicher, eiförmiger Plastik-Blitzball (rugbyähnlich).

Spielbeschreibung:

Nur wenn wirklich ein „weicher" Rugbyball zur Verfügung steht, sollte diese Variation versucht werden. Das „Ei" springt unberechenbar und stellt dadurch hohe Anforderungen an die Reaktion bzw. verbessert oder erhält sie auch. Als Tore können hier z.B. zwei an der Stirnseite der Halle quer gestellte Kastenzwischenteile (mit den Dochten nach hinten) aufgestellt werden. Nur die Mannschaft, die durch dieses Tor hindurchschießt, erzielt einen Punkt.

B 4. Blindenfußball

Materialien: Augenbinden.

Spielbeschreibung:

In zwei Mannschaften werden Paare gebildet, wobei einem Partner die Augen verbunden werden. Der jeweils Sehende nimmt den „Blinden" an die

Hand und versucht, ihn durch gefühlvolles Führen und gute Situationsbeschreibungen in Schuss- bzw. Abwehrposition zu bringen. Es empfiehlt sich, jeweils nach fünf Minuten die Rollen zu wechseln.

B 5. Fußball mit der Gleitscheibe

Materialien: Eine Osbal-Gleitscheibe oder eine Scheibe vom Plastikhockeyspiel.

Spielbeschreibung:

Die Gleitscheibe besteht aus Hartgummi und hat zum besseren Gleiten sechs Plastiknoppen auf jeder Seite. Sie sieht aus wie ein Eishockeypuck, ist jedoch nicht so verletzungsträchtig.

Gespielt wird von vorn und hinten auf Pfosten, die die Tore bilden, sodass sie dafür von der Wand fortgestellt werden müssen.

Die Scheibe darf nur mit dem Fuß gespielt werden und es muss verboten werden, mit dem Fuß darauf zu treten, um sie zu stoppen, da es dabei leicht zu Verletzungen kommen könnte. Erlaubt ist dagegen das Stoppen durch das Gegenhalten der Innenseite des Fußes.

B 6. Fußball auf bewegliche Tore

Materialien: Straßenbauband oder zwei Gymnastikstäbe sowie einen Strand- oder Schaumstoffball.

Spielbeschreibung:

Zwei Spieler/innen bilden mit Straßenbauband oder einem Gymnastikstab, das/den sie in Hüfthöhe zwischen sich halten, auf jeder Seite ein Tor. Sie bewegen sich auf der Grundlinie hin und her und versuchen so, die Torerfolge des Gegners zu verhindern. Achtung! Nur mit Strand- oder Schaumstoffbällen spielen lassen!

Volleyballähnliche Spiele

Materialien: Immer zwei Pfosten, ein Netz und entweder einen Volley-, einen Strand- oder Schaumstoffvolleyball sowie je nach Spielform weitere Materialien.
Wenn im Folgenden „Netz" geschrieben wird, so kann bis auf „Bettlakenvolleyball" auch über eine Leine mit Zeitungs- oder Toilettenpapier bzw. über Straßenbauband gespielt werden.

Spielidee: Wie beim Sportspiel Volleyball wird versucht, den Ball so zu spielen, dass die gegnerische Mannschaft ihn nicht oder nur fehlerhaft zurückspielt.

Bei allen folgenden Variationen finden die Regeln des Sportspiels Volleyball (Seite 50) Anwendung, bis auf die für die Abwandlung typischen Abweichungen.

Anzahl der Mitspielenden: Möglichst sechs auf jeder Seite mit höchstens jeweils zwei Auswechselspielern.

B 7. Auffangvolleyball

Materialien: Siehe oben.

Spielbeschreibung:

Der Ball wird immer über das Netz geworfen und muss von der annehmenden Mannschaft gefangen werden.

B 8. Prellvolleyball

Materialien: Siehe oben. (Der Ball muss sehr gut springen.)

Spielbeschreibung:

Der über das Netz fliegende Ball darf nicht, wie bei der zuvor beschriebenen Spielform, gefangen werden, sondern er darf 1 x aufprellen, ehe er pritschend oder baggernd bis zu 3 x in der eigenen Spielfeldhälfte zugespielt wird. Zwischen den einzelnen Pässen darf auch jeweils eine Bodenberührung dabei sein, oder aber der Ball wird, wie beim Sportspiel auf Seite 50 beschrieben, direkt aus der Luft angenommen, sodass auch zwischen den Mitspielern differenziert werden kann.

B 9. Sechs-Kontakte-Volleyball

Materialien: Siehe oben.

Spielbeschreibung:

Ehe der Ball wieder auf die andere Seite gespielt wird, muss er von mindestens drei, höchstens von allen sechs Spielern einer Mannschaft berührt werden.

B 10. Doppelspielvolleyball

Materialien: Siehe oben.

Spielbeschreibung:

Was sonst als Fehler geahndet wird, ist hier zur verbindlichen Regel geworden. Während des gesamten Spiels muss der annehmende Spieler sich zunächst immer selbst den Ball hochpritschen oder- baggern, ehe er ihn seiner Mannschaft oder der gegnerischen Mannschaft zuspielt.

B 11. Bettlakenvolleyball

Materialien: Vier Bettlaken und Wäscheklammern, weiteres siehe oben.

Spielbeschreibung:

Das normal hochgespannte Volleyballnetz wird so mit vier längs herunterhängenden Tüchern verhängt (nicht nur oben festklammern, sondern auch die nebeneinander hängenden Tücher gegenseitig festmachen), dass die Bettlaken nur ca. 10 cm vom Boden entfernt sind (Achtung! Auf keinen Fall darf das Tuch bis auf den Boden hängen, – Unfallgefahr!)

Da den Spieler/innen jegliche Sicht auf die Gegenseite genommen wird, erscheint der Ball wie „aus dem All". Zur Vereinfachung kann auch hier zunächst nach Netzüberspielung mit einmaliger Bodenberührung gespielt werden.

B 12. Handicapvolleyball

Materialien: Luftballons, Augenbinden u.a., weiteres siehe oben.

Spielbeschreibung:
Die Mannschaft, die einen Punkt erzielt, bekommt jeweils als „Belohnung“ ein neues Handicap, damit der Punktevorsprung vor der weniger guten Mannschaft nicht ganz so groß wird. Handicaps können sein: an die Handgelenke gebundene Luftballons, ein mit Augenbinde oder Tuch zugebundenes Auge, ein zu balancierender Hut o.a.

B 13. Seeräubervolleyball

Materialien: Pro TN eine Augenbinde, weiteres siehe oben.

Spielbeschreibung:
Bei dieser Spielform erhalten alle Mitspielenden von Anfang an je eine Augenbinde, sodass das räumliche Sehen verändert wird, außerdem sieht es lustig aus.

B 14. Vier-Felder-Volleyball

Materialien: Siehe oben.

Spielbeschreibung:
Gespielt wird zunächst mit einem, später mit zwei Wasserbällen nach den normalen Regeln. Die Aufgabe muss immer in das diagonal gegenüberliegende Feld erfolgen, und es darf in ein beliebiges der drei anderen Felder weitergespielt werden.

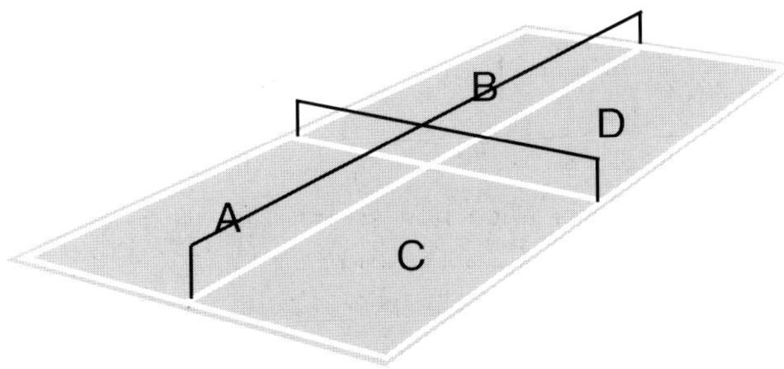

B 15. Rotationsvolleyball

Materialien: Siehe oben.

Spielbeschreibung:

Die Spielform hat ihren Namen dadurch erhalten, dass nicht nur innerhalb der Spielfeldhälfte nach einer bestimmten Rotationsordnung gewechselt wird, sondern alle Spieler auch immer auf die andere Spielfeldseite wechseln müssen, sodass es keine „Gegner" im üblichen Sinne mehr gibt. Von der Position 3 wird auf die Position 2 in das gegnerische Feld gewechselt.

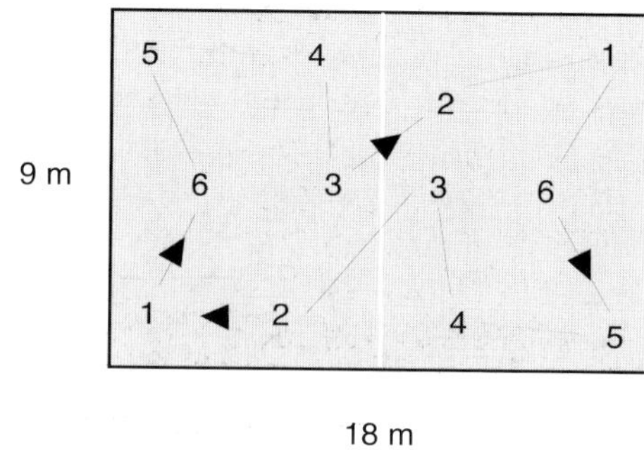

B 16. Rein-und-Raus-Volleyball

Materialien: Siehe oben.

Spielbeschreibung:

Wenn mehr als 18 Spieler anwesend sind, werden Dreiergruppen gebildet. Pro Mannschaft wartet eine Dreiergruppe außerhalb des Spielfeldes und wird jedes Mal nach Erhalt des Aufschlagrechtes gegen eine Feld-Dreiergruppe eingetauscht.

B 17. Fünfzig-Punkte-Volleyball

Materialien: Siehe oben.

Spielbeschreibung:

Bei dieser Variante wird die Zählweise verändert. Jede Mannschaft kann zwischen einem und drei Punkten pro Spielzug gewinnen. Gezählt wird, wie oft innerhalb der Mannschaft der Ball gespielt wurde, bevor er wieder über das Netz geschlagen wird. Einen Punkt gibt es, wenn nur ein Mannschaftsmitglied den Ball berührte, zwei bei einem Zuspiel und drei Punkte, wenn erst der dritte Spieler den Ball auf die andere Seite baggert oder pritscht. Die Mannschaft, die als erste 50 Punkte erzielt hat, gewinnt.

Es empfiehlt sich, pro Seite eine Person zu bestimmen, die die erzielten Punkte zusammenzählt.

B 18. Speed-Play-Volleyball

Materialien: Ein leichter Plastik- oder Wasserball und pro Mitspieler einen Speed-Play-Schläger (siehe Abb.).

Spielbeschreibung:

Voraussetzung für dieses Spiel ist das Vorhandensein von Speed-Play-Schägern. Die Regeln bleiben wie beim offiziellen Volleyballspiel, nur sollte das Netz mindestens 2,50 m hoch gespannt sein, damit Schmetterbälle vermieden werden. Bei leichten Bällen besteht zwar keine Gefahr, doch kann man, um die Ellbogengelenke zu schonen, auch mit einmaligem Aufspringen des Balles nach dem Überfliegen des Netzes spielen lassen.

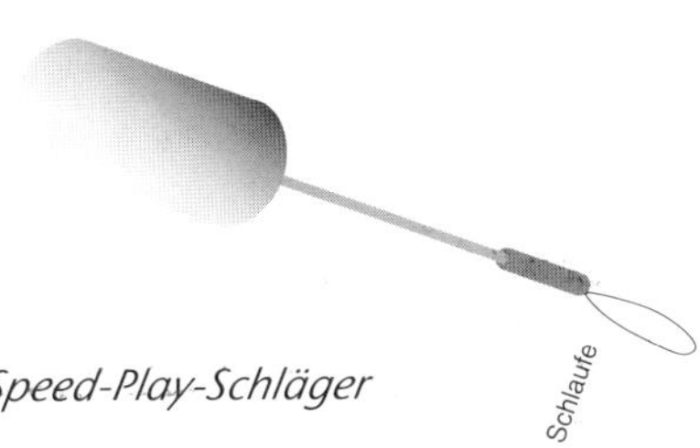

Speed-Play-Schläger

B 19. Indiaca-Volleyball

Materialien: Ein Indiaca, ein Straßenbauband oder andere Alternative (siehe Seite 54).

Spielbeschreibung:

Anstelle eines Balles wird ein Indiaca nach Volleyballregeln über die Leine/das Band gespielt. Auch hier können die Regeln, wie bei B7 und B9 bis B17 beschrieben, verändert werden.

Hockeyähnliche Spiele

Materialien: Bei jeder Spielabwandlung können, wenn vorhanden, Plastikschläger oder Ersatzschläger benutzt werden. Als Letztere haben sich bewährt: leere Rollen von Stoffballen oder Schläuche/Plastikröhren, die an einem Ende mit Isolierband zusammengebunden werden, und so ebenfalls als ideale Schläger genutzt werden können. Je nach Spielform benötigt man zudem einen durchlöcherten Ball oder eine Plastikscheibe. Günstigerweise dreht man vor allen offenen Geräteräumen oder als Spielfeldbegrenzung die Bänke auf die Seite, damit durch die so entstandenen „Banden" keine Spielverzögerung entsteht.

Spielidee: Wie beim Hockey versucht man, Tore zu schießen und gleichzeitig zu verhindern, dass der Gegner Punkte erzielt. Achtung! Selbst wenn die Rollen und Röhren nicht so hart sind, ist es bei keinem der folgenden Spiele erlaubt, die „Ersatzschläger" über Hüfthöhe zu heben.

Die Spielzeit sollte bei allen hockeyähnlichen Spielen nicht mehr als etwa 2 x 8 Minuten betragen. Zusätzlich gilt: je kürzer der (Ersatz-) Schläger, umso kürzer auch die Spielzeit.

Anzahl der Mitspielenden: Nicht mehr als sechs auf jeder Seite.

B 20. Torrollball

Materialien: Ein Gymnastikball, oder ca. 1 kg schwerer Medizinball aus Schaumstoff, evtentuell pro Spieler eine Küchenpapierrolle.

Spielbeschreibung:

Zwei Mannschaften stehen sich in zwei durch eine Mittellinie getrennten Spielfeldhälften gegenüber und versuchen, einen Ball so zu rollen, dass er über die Torlinie des Gegners rollt.

Um dies zu vermeiden, stehen alle Spieler gut verteilt vor ihrer Torlinie und sind zugleich Angreifer und Verteidiger.

Gelingt es, den Ball über die gegnerische Linie zu rollen, ergibt dies jeweils einen Punkt.

Hat man in der Gruppe einige TN mit Kniebeschwerden, kann man statt mit der Hand, den Ball mit leeren Rollen des Küchenpapiers treiben und stoppen lassen. So entsteht ein „verlängerter Arm" und man vermeidet die gebückte Haltung.

Gespielt wird je nach Belastbarkeit der Gruppe: ca. 2 x 5 Minuten.

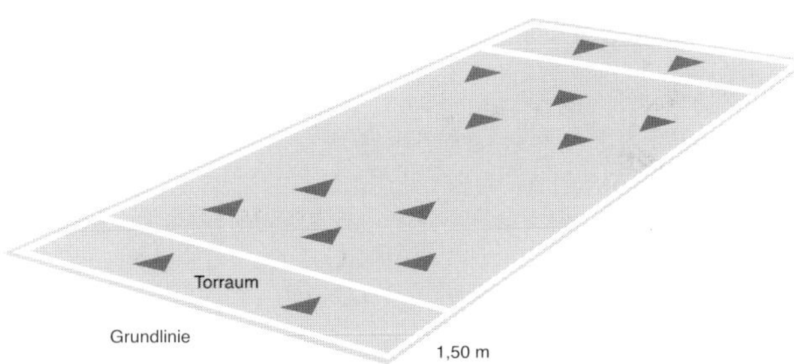

B 21. Ball unter der Schnur

Materialien: Eine Leine bzw. Straßenbauband und pro Teilnehmer ein beliebiger Schläger und ein mit Mehl oder feinem Sand präparierter alter Tennisball, der dann nicht so springt.

In den Ball wird ein kleines Loch hineingeschnitten und mit einem Trichter Sand oder Mehl hineingefüllt.

Der Einschnitt schließt sich von selbst wieder.

Spielbeschreibung:

Bei ausreichend vorhandenen Schlägern, die ganz unterschiedlich sein können, stehen sich zwei Mannschaften, jede mit Schläger und einem Ball ausgerüstet, in einer Spielfeldhälfte gegenüber.

Durch eine ca. 50 cm hohe Leine, an die mit Wäscheklammern einige Blätter Toilettenpapier geheftet werden, sind beide Spielfeldhälften voneinander getrennt.

In einer vorher festgelegten Zeit muss versucht werden, die Bälle so mit dem Schläger in das gegnerische Feld zu schieben, dass sie die gegnerische Wand berühren, gleichzeitig versuchen beide Mannschaften, dies im eigenen Feld zu verhindern. Berührt ein Ball die Wand, ergibt das jeweils einen Punkt, wenn er nicht vorher an das Toilettenpapier gesprungen ist.

B 22. Kleinfeldhockey

Materialien: Bänke, Kastenzwischenteile, Schläger

Spielbeschreibung:

Mit seitlich umgedrehten Bänken und Kastenzwischenteilen trennt man die Halle in drei gleich große Felder und kippt in jedem Spielfeld zwei Sprungkästen mit der Lederfläche zum Spielfeld um. Gespielt wird mit den Küchenpapierrollen oder Rollen von Stoffballen und präparierten Tennisbällen (siehe vorhergehendes Spiel) oder Schlagbällen (sie rollen nicht so schnell wie nicht präparierte Tennisbälle) ohne Torwart, nur mit einer Sperrzone, die nicht betreten werden darf.

B 23. Scheibenhockey

Materialien: Eine Plastikscheibe, Schläger wie zuvor beschrieben.

Spielbeschreibung:

Statt des Balles wird eine Plastikscheibe zugespielt und mit ihr versucht, gegen die Lederfläche eines umgekippten Sprungkastens zu spielen.

B 24. Halleneishockey

Materialien: Wie zuvor beschrieben.

Spielbeschreibung:

Die aus zwei Pfosten gebildeten Tore werden etwas von der Wand fortgestellt. Ist in der Halle ein Basketballfeld eingezeichnet, eignet sich hervorragend die Freiwurflinie. Der Freiwurfkreis ist quasi Taburaum, d.h. beide Mannschaften dürfen ihn nicht betreten. Gespielt wird ohne Torhüter. Das Tor kann von hinten und vorn „beschossen“ werden. Ein „Bully“ als Spielanfang erhöht den Reiz: Zwei Spieler schlagen 3 x mit dem Schläger auf den Boden, 3 x gegen den Schläger des Gegners, und danach versucht einer von ihnen, eher als der andere den Puck der eigenen Mannschaft zuzuspielen.

B 25. Ringhockey

Materialien: Gymnastikstäbe und ein Tennisring.

Achtung! Darf nicht auf versiegelten Hallenböden gespielt werden!!
Über die Enden der Gymnastikstäbe kann man in Sanitätshäusern erhältliche Gummistöpsel, die man sonst für Gehhilfen benutzt, stülpen.

Spielbeschreibung:

Mit den oben beschriebenen Gymnastikstäben oder, wenn nicht anders möglich, auch ohne die Stöpsel, versuchen vier bis acht Spieler pro Mannschaft, den Ring mit dem Stab ins gegnerische Tor zu schieben. Körperkontakt ist nicht erlaubt, ebenso ist nicht gestattet, dass der Stab in den Ring gesteckt und vorwärtsgeschoben wird. Er darf nur von außen geführt werden.

B 26. Plastikhockey

Materialien: Ein Plastikhockeyset, das aus Plastikschlägern und einem durchlöcherten Ball sowie einer Plastikscheibe besteht.

Spielbeschreibung:

Ist das Material vorhanden, kann auch mit der Gruppe „50 Plus" nach den zuvor beschriebenen Regeln gespielt werden. Entweder stellt man die Tore, wie meistens üblich, an den Stirnseiten der Halle auf, oder man lässt wie beim Halleneishockey auf die Tore von hinten und vorn schießen oder auf mehrere Tore pro Mannschaft. Plastikhockey gehörte, wie auf Seite 30 beschrieben, zu den beliebtesten Spielen in den Untersuchungsgruppen.

B 27. Keulenhockey

Materialien: Gymnastikkeulen, ein präparierter Tennisball.

Spielbeschreibung:

Anstelle der zuvor genannten Schläger bekommt jeder Mitspielende eine Gymnastikkeule, die während des Spiels am „Hals" gefasst wird. Mit ihr wird ein alter Tennisball, der nicht mehr so springt, auf das bzw. die Tore gespielt.

Tennisähnliche Spiele

Materialien: Pro Spielfeld ein Straßenbauband oder eine Leine mit festgeklammerten alten Zeitungsblättern, Tennis- oder Schaumstofftennisbälle (Tennisweichbälle).

Spielidee:

a) Als Spiel „miteinander" so viel gültige Schläge wie möglich.

b) Als Spiel „gegeneinander" so, dass es dem Gegner nicht oder nur fehlerhaft gelingt, den Ball zurückzuspielen.

Anzahl der Mitspielenden: Pro Spielfeld 1 gegen 1 oder 2 gegen 2.

Spielfelder: Bei einer kleinen Halle von 18 x 24 m sind z.B. sechs Felder à 3 x 6 m möglich.

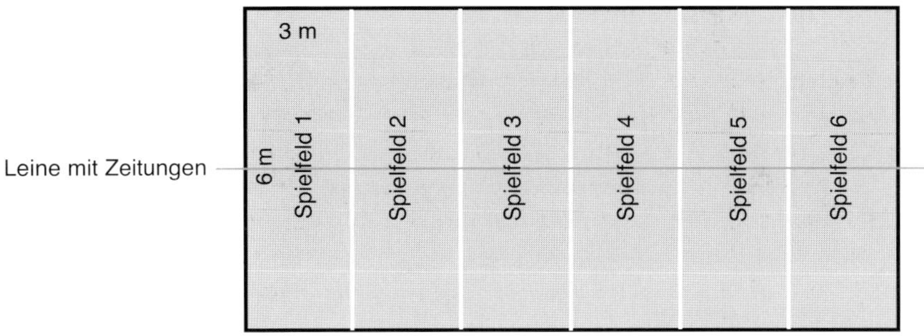

Spielbeschreibung:

Bei den meisten der folgenden Spiele kann mit einmaligem Aufspringen des Balles (Ausnahme Scoop) oder auch direkt aus der Luft gespielt werden. Die Zählweise wird vorher ausgemacht.

B 28. Scoop

Materialien: Pro Teilnehmer einen Scoopschläger und zu zweit oder viert einen Scoopball.

Spielbeschreibung:

Mit dem Schläger, der wie eine verlängerte Hand aussieht, wird der Ball fortgeschleudert und genauso damit gefangen. Jede Bodenberührung des Balles gilt als Fehler.

B 29. Family-Tennis

Materialien: Zu zweit oder viert einen gut springenden Tennisweichball (gelber Schaumstoffball) und jeder einen Family-Tennisschläger.

Spielbeschreibung:

Durch den verzögerten Flug der Bälle und das wesentlich einfachere Treffen des Balles im Vergleich zum „richtigen" Tennis, kommt schnell ein Spiel zustande. Gespielt wird als Einzel oder Doppel.

B 30. Handtennis

Materialien: Gut springende Tennisweichbälle, Netz/Netzersatz

Spielbeschreibung:

Sind Schaumstoffbälle vorhanden, doch keine Schläger, spielt man mit der gestreckten Hand. Der Ball kann direkt aus der Luft oder nach einmaligen Bodenkontakt geschlagen werden.

Abwandlung:

Anstelle mit der Hand, kann auch mit Deckeln von Schuhkartons, mit Büchern oder Küchenbrettchen gespielt werden.

B 31. Indiaca-Tennis

Materialien: Pro Teilnehmer einen Indiaca-Tennisschläger (gelber Plastikschläger) und zu zweit oder viert ein Indiaca mit einer Schaumstoffschlagfläche.

Spielbeschreibung:

Da der Indiaca-Tennisschläger einen kürzeren Griff als ein Tennisschläger hat und das Indiaca auch langsamer fliegt, sind die Erfolgserlebnisse bei Anfängern wesentlich größer als beim Tennis. Gespielt werden kann das Indiaca immer nur aus der Luft.

Achtung!

Der zum Indiaca-Tennis gehörende Schaumstoffbalg mit Federn kann zwar auch mit der Hand gespielt werden, wie beim auf Seite 54 beschriebenen Indiacaspiel, umgekehrt eignet sich das Indiaca mit der Lederschlagfläche nicht für das Spiel mit den Plastikschlägern. Da es zu schwer dafür ist, platzen die Schläger.

B 32. Beidhandtennis

Materialien: Für jeden Spieler zwei der vorher beschriebenen Schläger.

Spielbeschreibung:

Die Spielregeln werden vorher festgelegt. Während des Spiels haben alle Teilnehmer in jeder Hand einen Schläger und dürfen rechts oder links schlagen.

B 33. Schlägermangel

Materialien: Immer nur einen Schläger zu zweit.

Spielbeschreibung:

Genau umgekehrt ist es bei dieser Variante des Spielens: Schläger sind Mangelware und nach jedem Schlag darf nicht vergessen werden, den Schläger an den Partner zu wechseln.

Basketball-/Korbballähnliche Spiele

Materialien: Zwei Korbballständer, oder Basketballkörbe, Parteibänder und einen Mini-Basket oder Korbball.

Spielbeschreibung:

Bei den nachfolgenden Spielvarianten geht es immer darum, einen Korb zu werfen. Je nach Absprache erlaubt man das Dribbling wie beim Basketball oder gestattet nur einen Aufsetzer, sodass der Ball direkt danach abgespielt werden muss.

Immer ist darauf zu achten, dass „körperlos" gespielt wird.

B 34. Schuhkartonbasketball

Materialien: Ein springender Schaumstoffball, Mini-Basketball o.ä. sowie pro Spieler ein Schuhkarton.

Spielbeschreibung:

Die Teilnehmenden stehen mit jedem Fuß in einem Schuhkarton ihrer Schuhgröße. So wird „geschlurft" anstatt gelaufen und alles geht ruhiger zu. Gespielt wird nach Korbballspielregeln (Seite 42) oder „basketballähnlich" (d.h. mit erlaubtem Dribbling und auf Basketballtore).

B 35. Flossenkorbball

Materialien: Alte Schwimmflossen (werden von Schwimmvereinen, Tauchgruppen und der Deutschen Lebensrettungs-Gesellschaft manchmal ausrangiert), ein Mini-Basketball oder ein anderer griffiger Ball. Wenn vorhanden, zwei Korbballständer oder die Basketballkörbe.

Spielbeschreibung:

Aus dem Laufen wird durch die Flossen fast immer ein gebremstes Gehen. Insofern verläuft das Spiel meistens wesentlich ruhiger und auch wenn es vielleicht gefährlich aussehen mag, da die Flossen ein „Abstand halten" aufzwingen, kommt es fast nie zu den sonst bei Mannschaftsspielen oft gefährlichen Körperkontakten.

B 36. Fahrradschlauchbasketball

Materialien: Zu zweit jeweils einen alten Fahrradschlauch, aus dem das Ventil herausgeschnitten wurde und der an der Stelle zur Stabilisierung wieder verknotet wurde.

Spielbeschreibung:

Aus jeder Mannschaft bildet immer ein Spieler mit einem aus der anderen Mannschaft ein Paar, das hintereinander steht. Die so gebildeten Paare spielen also nicht mit-, sondern gegeneinander. Der vordere Spieler legt einen Fahrradschlauch doppelt um seinen Bauch (Achtung, immer über die Hüftknochen!) und der hinten stehende Spieler hält ihn daran zurück. In jeder Mannschaft müssen gleich viel Spieler vorn (Angreifer) und hinten (Bremser) spielen. Der Rückwärtige muss zwar seinen Partner mit dem Fahrradschlauch zurückhalten, doch nur so stark, dass der Vordere sich noch von der Stelle bewegen kann. Alles geschieht im Zeitlupentempo und es ist sehr schwierig, auf diese Weise „Körbe" zu werfen. Nach einigen Minuten die beiden Kontrahenten die Positionen wechseln lassen und immer darauf achten, dass der Fahrradschlauch nicht in die Taille rutscht.

B 37. Rucksackball

Materialien: Zwei Rucksäcke, zwei Plastikeimer oder -papierkörbe, ein kleiner, leichter Ball, Parteibänder.

Spielbeschreibung:

Zwei Mitspielende setzen einen Rucksack auf, in dem der Eimer oder Papierkorb steht.

Alle Mitspielenden bilden zwei Mannschaften, die jede einem der „beweglichen" Korbträger zugeordnet ist. Es geht darum, sich den Ball innerhalb der eigenen Mannschaft zuzuspielen und dem gegnerischen Rucksackträger den Ball in den Korb/Papierkorb zu spielen. Geworfen werden darf nur im Stand, d.h. sowie der Ball gefangen wurde, muss er abgegeben oder in den Rucksack geworfen werden.

B 38. Jägerball

Materialien: Ein Strandball oder Schaumstoffball.

Spielidee: Abwurf-/Treffspiel.

Anzahl der Mitspielenden: Mindestens acht.

Spielbeschreibung:

Alle Mitspielenden stellen die „Hasen" dar und befinden sich im (Kohl-) Feld. Der „Jäger" (außerhalb eines Kreises oder Spielfeldes stehend) versucht, möglichst schnell die „Hasen" abzuwerfen. Im Gegensatz zum Völkerball (siehe S. 52) gilt ein gefangener Ball auch als „getroffen". Abgeworfene Hasen werden ebenfalls zu Jägern, die mit dem Ball nur bis zu drei Schritten laufen dürfen.

Abwandlung:

Gleichzeitig erhalten die „Hasen" einen Luftballon, den sie sich im Feld zuspielen müssen, allerdings nicht länger als drei Sekunden halten dürfen. Der jeweils ballonbesitzende Hase darf nicht abgetroffen werden.

B 39. Zombie

Materialien: Ein Strand- oder Schaumstoffball.

Spielidee: Jeder versucht, jeden mit dem Ball abzutreffen und wird nach einiger Zeit wieder integriert.

Anzahl der Mitspielenden: Mindestens zehn.

Spielbeschreibung:

Gespielt wird in der gesamten Halle ohne festgelegtes Spielfeld.

Während des Spieles darf nie mit dem Ball in der Hand gelaufen werden. Es ist auch die Rolle des Werfenden bzw. des Flüchtenden nicht für das ganze Spiel festgelegt. Jeder versucht, einen der Mitspieler abzutreffen. Gelingt dies, merkt sich der Abgeworfene denjenigen, von dem er abgetroffen wurde und setzt sich auf eine Bank außerhalb des Spielfeldes. Immer, wenn ein Teilnehmer abgeworfen wird, sind alle diejenigen, die von ihm vorher abgeworfen wurden, wieder erlöst. Da es kein Spielende gibt, empfiehlt es sich, vor Beginn des Spieles eine Zeit festzulegen.

B 40. „Völkerball verkehrt"

Materialien: Ein Strandball.

Spielbeschreibung:

Je nach Hallengröße und Teilnehmerzahl gibt es zwei Spielfeldhälften. Alle Mitspielenden, bis auf eine/n (die „Königin") von jeder Mannschaft, stehen zu Spielbeginn außerhalb des Feldes und versuchen, die Königin der Gegenpartei abzuwerfen. Gelingt dies, so darf derjenige, der erfolgreich war, auch ins Spielfeld. Nach und nach füllen sich die beiden Spielfeldhälften und die Chance, jemanden zu treffen, wird immer größer. Die Abgetroffenen bleiben bis zum Schluss im Spielfeld, jeder von der Grundlinie aus erfolgreiche Werfer (indem er einen Gegenspieler abgetroffen hat) geht ins Feld. Gewonnen hat die Mannschaft, die als erste alle Mitspieler im Feld hat.

B 41. Haltet das Feld frei

Materialien: Pro Teilnehmer zwei Luftballons/oder auch Schaumstoffbälle, zwei Ständer und Netz/Leine/ Straßenbauband oder zwei übereinander gestellte Bänke.

Spielidee: Die Luftballons sollen möglichst schnell auf die andere Seite geworfen oder gestoßen werden.

Anzahl der Teilnehmenden: Mindestens acht.

Spielbeschreibung:

Alle Teilnehmenden versuchen, ihr eigenes Feld immer „sauber" zu halten, d.h., die ankommenden Ballons abzuwehren und zu Boden fallende schnell auf die andere Seite zu befördern. Das Grundspiel wird meistens so durchgeführt, dass ein Ball über die Mittellinie zurückgerollt oder -geworfen werden darf. Bei der Gruppe „50 Plus" sollte über eine Höhe (Netz/Straßenbauband/Leine) von mindestens 1,00 m gespielt werden, damit der Kopf nicht zu lange unten bleibt. Wer nach Abpfiff die wenigsten Luftballons in seiner Spielfeldhälfte hat, gewinnt.

B 42. Atomspiel

Materialien: Musik zum Laufen oder Gehen.

Spielbeschreibung:

Alle Teilnehmenden laufen/gehen durcheinander. Bei Musikstopp wird eine Zahl gerufen, zu der sich die Teilnehmer dann möglichst schnell zusammenfinden. Wird zusätzlich noch eine örtliche Angabe gerufen, bedeutet dies, dass sich so viele Teilnehmer wie angegeben z.B. auf der Matte, auf einer Bank, unter einem Basketballkorb o.ä. treffen.

Abwandlung:

Genügt einer Gruppe diese wettkampffreie Form des Spielens nicht, erhalten alle Teilnehmer der Gruppe, die jeweils zuerst die Aufgabe gelöst hat, einen Pluspunkt.

B 43. Bänder-/Tücher-/Wäscheklammerraub

Materialien: Für jeden Teilnehmenden ein Band, ein Tuch oder drei Wäscheklammern.

Spielbeschreibung:

Alle Mitspielenden haben ein Band oder Tuch lose hinten in die Sporthose gesteckt. Spielt man mit Wäscheklammern, so sind die drei Klammern gut sichtbar, von der Taille aufwärts, auf dem Sportzeug festzuklammern.

Da das Spiel nicht ganz ungefährlich ist, nimmt man zunächst nur zwei bis drei „Räuber", die den anderen Teilnehmern ihre Bänder, Tücher und/oder Wäscheklammern abzunehmen versuchen. Erst wenn diese Spielform nicht zu „wild" wird, kann man riskieren, jeden gegen jeden auf Zeit spielen zu lassen. Gewonnen haben diejenigen, die noch im Besitz des zu raubenden Materials sind, aber auch derjenige mit dem meisten „Diebesgut".

B 44. Schuhkartonabschuss

Materialien: Pro Teilnehmer einen Schuhkarton (ohne Deckel) und einen Gymnastikball. Wenn vorhanden: Gymnastikbänke.

Spielbeschreibung:

Auf die Mittellinie der Halle werden zwei Bänke nebeneinander aufgestellt und alle Kartons gut darauf verteilt. D.h. immer abwechselnd den Schuhkartonboden zu der einen, dann wieder zur anderen Seite zeigend. Weitere Bänke werden vor jede Mannschaft gestellt, damit ein Übertreten vermieden wird. Nach dem Spielbeginn versucht jede Mannschaft, möglichst viele der Kartons mit einem Gymnastikball herunterzuschießen. Es gewinnt die Mannschaft, auf deren Seite die wenigsten Kartons liegen.

B 45. Treffball

Materialien: Pro Teilnehmer ein Gymnastikball und als „Ziel" ein kleiner Medizinball oder Basketball.

Spielbeschreibung:

Zwei Mannschaften versuchen, mit Hilfe von Gymnastikbällen den Zielball zu treffen und ihn möglichst über die gegnerische Abwurflinie zu treiben. Anstelle von Linien kann man auch Bänke aufstellen, gegen die dann der Ball getrieben werden muss. Der Abstand der beiden Abwurflinien bzw. Bänke richtet sich nach der Wurfkraft der Teilnehmenden und beträgt ca. 8 bis 10 m. Während die Bälle beim Spielen mit anderen Zielgruppen auch aus dem Raum zwischen den beiden Abwurflinien geholt werden dürfen, hat es sich bewährt, dieses zu untersagen, damit die scharf geschossenen Bälle niemanden erschrecken oder verletzen können. Stattdessen wird ab und zu das Spiel abgepfiffen, sodass sich beide Parteien wieder mit Bällen versorgen können.

B 46. Hütchenball

Materialien: Straßenbauhütchen oder bunte „Trichter", die man normalerweise als Markierung bzw. Mal benutzt, ein Schaumstoffball, Parteibänder.

Spielbeschreibung:

Zwei durch Bänder gekennzeichnete und mit den „Hütchen" ausgerüstete Mannschaften versuchen, sich den Schaumstoffball innerhalb ihrer Partei zuzuspielen und zu fangen. Es darf nur gelaufen/gegangen werden, wenn man nicht im Ballbesitz ist. Jede Mannschaft versucht, auf diese Weise den Ball gegen das Basketballbrett zu treffen. Ist ein solches nicht vorhanden, kann gemeinsam ein anderes Ziel ausgemacht werden.

C. Spiele für ältere Einsteiger oder Wiederbeginner

Während zeitlebens sportlich aktive Ältere, die „ihr" Spiel (oft handelt es sich nämlich um ein einziges Spiel) gerne noch bei Wettkämpfen oder Meisterschaften spielen, oder die im vorhergehenden Kapitel beschriebenen Älteren des Typs der „gesundheitsorientierten" Älteren meistens in Sportvereinen anzutreffen sind, ist gerade die Palette der Anbieter für Teilnehmende, die früher nie Sport betrieben haben, sehr groß: Neben den Volkshochschulen und Bildungswerken gibt es Angebote des Roten Kreuzes, der beiden großen Kirchen, von Wohlfahrtsverbänden, privaten Anbietern und von vielen anderen Institutionen. In dieser Gruppe sowie auch für die Gruppe Älterer mit Bewegungseinschränkungen haben die Turn- und Sportverbände inzwischen ihre Monopolstellung als „Anbieter von Bewegung" verloren.

Diese Gruppe der „Neulinge" in Bewegung, Spiel und Sport bedarf, gerade weil wenig Spielerfahrung vorliegt und damit meistens die Koordinationsfähigkeit wenig ausgeprägt ist, großer Aufmerksamkeit. Noch mehr als auf die „Beginner" ist auf die Gruppe der „Wiederbeginner" zu achten. Häufig besteht eine neu eingerichtete Gruppe zu einem großen Anteil aus solchen Personen, die früher häufig und z.T. auch mit bemerkenswerten Erfolgen eine Sportart ausübten. Auf Letztere sollte ein ganz besonderes Augenmerk gelenkt werden: Hier gibt es zuweilen den größten Ehrgeiz, die häufigsten Verletzungen, und es kommt am schnellsten zu Überanstrengungen.

Während die „Einsteiger" noch vorsichtig sind, rechtzeitig aufhören und mit reduzierten Spielen zufrieden sind, glauben viele, die früher einmal sehr leistungsfähig waren, dass sie es auch mit einer Pause von mehr als 20 Jahren immer noch sind. Auf sie muss besonders geachtet werden, für sie müssen die Spiele „entschärft" werden, auch wenn das manchmal mit der abfälligen Bemerkung „belohnt" wird, dass man jetzt gerne einmal „richtig" Fußball oder Basketball spielen möchte.

C 1. Grimassenmemory

Materialien: Eventuell Abspielgerät und Musik zum Laufen oder Gehen.

Spielidee: Wie beim Memoryspiel am Tisch geht es darum, etwas zu behalten. Ist es beim vorgenannten Spiel die Zuordnung von Bild zur Lage, so muss hier die Person mit der entsprechenden Haltung/Bewegung/Grimasse behalten werden.
Außerdem sind der Kreativität, wer die häßlichste oder witzigste Grimasse (siehe Abb.) zieht, natürlich keine Grenzen gesetzt.

Anzahl der Mitspielenden: 8-50.

Spielbeschreibung:

Man denkt sich paarweise eine Grimasse aus. Nachdem jedes Paar in der ersten Runde allen seine Bewegung/Haltung einmal demonstriert hat, trennen sich die Paare und alle laufen oder gehen (am besten nach Musik) durcheinander.

Nimmt eine ungerade Zahl Mitspielender teil, gibt es einer Dreiergruppe, die die gleiche Grimasse ausgedacht hat. In diesem Fall beginnt einer dieser Drei mit dem „Aufdecken“. Bei geraden Zahlen setzt für den ersten Durchgang des „Erratens“ der Partner des Suchenden aus. Dieser darf sich bei (Musik)Stopp, wenn alle stehen bleiben, von zwei Mitspielenden die vereinbarte Figur zeigen lassen. Hat der Ratende ein Paar „erwischt", darf er weiterraten und erhält für jeden „Ratetreffer" einen Punkt, war die Lösung falsch, wird der zuletzt „aufgedeckte" Mitspieler zum neuen „Ratenden".

Gespielt wird so lange, bis alle Paare „entlarvt" wurden. Es gewinnt derjenige, der zum Schluss die größte „Ratetrefferquote" erzielt.

Abwandlung:

Nach dem „Stopp" liegen alle Mitspieler als „Paket" (die Knie umschlungen, den Kopf angehoben) auf dem Rücken. Das Aufdecken geschieht durch ein Aufrichten des „Paketes" am Nacken.

C 2. Prui

Materialien: Keines, eventuell Augenbinden oder Schals.

Spielidee: Durch Hören, Tasten und manchmal vielleicht auch Riechen sollen alle Teilnehmenden trotz verbundener Augen versuchen, dem als „Prui" agierenden Fänger zu entkommen.

Anzahl: 7-30.

Spielbeschreibung:

Alle Mitspielenden bewegen sich mit verbundenen oder nur geschlossenen Augen vorsichtig tastend durch den Raum.

Der Spielleiter bestimmt erst dann einen der „Blinden" zum „Prui", der nun möglichst geschickt jemanden „in die Falle lockt". Dieses geschieht folgendermaßen: Begegnen sich zwei Spieler, fragen sie sich gegenseitig: "Prui?" Stellen beide diese Frage, kann es sich nicht um den „Prui" handeln, und die beiden gehen wieder auseinander. Der Prui versucht, in die Nähe einer solchen Begegnung zu kommen, denn fragt ihn jemand „Prui"?, und er antwortet nichts, so wird der Fragende auch zum Prui verzaubert. Der neue Prui muss den Ur-Prui anfassen bzw. sich an den anderen inzwischen zu Pruis verzauberten Mitspielern bis an das Ende der entstandenen Kette vorbeitasten. Es wird so lange gespielt, bis alle verzaubert sind. Der zuletzt Erwischte wird zum neuen „Prui".

Abwandlungen:

a) Alle Mitspielenden sind „Pruis". Nur ein Teilnehmer ist es nicht und darf als einziger die Augen offen haben. Alle versuchen, ihn zu finden. Wie beim Grundspiel stellen sie bei Berührung eines Körpers die Frage: „Prui?" Fragen sich zwei gegenseitig, müssen sie nun mit Handfassung weitersuchen, fragen sich zwei Paare gegenseitig, bilden sie eine Kette. Der „Nicht-Prui" hat es nach einiger Zeit immer schwerer, zu entwischen. Manche Gruppen wollen möglichst immer wissen, wer gewinnt, in diesem Falle kann bei jedem Prui die Zeit genommen werden, wie lange er sich gehalten hat, ohne dass die Pruikette ihn erwischte. Meistens reicht jedoch der Spaß am Spiel und ein Herausstellen des Gewinners ist überflüssig.

b) Es gibt zu Spielbeginn, wie beim Grundspiel, nur einen „Prui". Alle versuchen, ihm auszuweichen. Berührt er einen der anderen Spieler, ruft er „Prui" und er wird ebenfalls zum „Prui".
Schreien sich zwei „Pruis" an, werden beide erlöst. Es kann also der Fall eintreten, dass das Spiel schon beendet ist, wenn es insgesamt nur zwei Pruis gab, die sich zufällig dann auch noch „erlösen". Normalerweise ist das Spiel zu Ende, wenn es gar keinen Prui mehr gibt.

Bemerkungen:

Oft ist es besser, die Augen nur zu schließen und sie nicht verbinden zu lassen. So haben Ängstliche oder solche, die leicht zu Schwindelanfällen neigen, zwischendurch einmal Gelegenheit, sich wieder zu orientieren.

Zu beachten ist auch, dass einigen manchmal die Handfassung, besonders über einen längeren Zeitraum, unangenehm sein kann. Hier können Tücher, Strumpfzöpfe o.a. dazwischengenommen werden, sodass kein direkter Körperkontakt zustande kommt. Das Spiel sollte deshalb erst eingesetzt werden, wenn sich eine Gruppe schon länger kennt. Es eignet sich gut als ruhiger Stundenausklang.

C 3. Heimliches Rendezvous

Materialien: So viele Zettel wie Mitspielende.

Spielidee: Zwei Spieler müssen nach einer heimlichen Verabredung versuchen, die Plätze zu vertauschen, wobei ein dritter versucht, sie daran zu hindern.

Anzahl der Mitspielenden: 12-30.

Spielbeschreibung:

Nachdem der Spielleiter die Zettel, auf denen berühmte Paare aus allen möglichen Bereichen des Lebens stehen, vorgelesen hat und jeder versucht, sich möglichst viele davon zu merken, werden die Zettel gemischt und ein Kreis gebildet.

Ein Freiwilliger geht in die Mitte, ruft ein Paar auf, das sich nun, ohne dass es der in der Mitte Stehende bemerkt, miteinander zum Platztausch verabredet. Dies ist die Chance des mittleren Spielers, denn schafft er es, einen der beiden zu wechselnden Plätze einzunehmen, muss derjenige, der keinen Platz bekommen hat, in die Mitte.

Beispiele: Brüderchen und Schwesterchen, Tünnes und Scheel, Porgy and Bess, Bonny and Clyde.

Bemerkungen:

Der Spielleiter sollte darauf achten, dass niemand zu lange die Mittelposition einnimmt. Zudem sollte das Spiel nicht zu lange gespielt werden, weil langes Stehen anstrengt.

C 4. „Schuhsohle an Schuhsohle"

Materialien: Keines. Eventuell kann eine Liste mit möglichen Variationen vorbereitet werden, um „einfallslosen" Spielern schnell helfen zu können.

Spielidee: Schnelles Umsetzen von Aufgabenstellungen. Von einem Mitspielenden genannte Körperteile müssen von den durcheinander Laufenden möglichst schnell paarweise aneinander gehalten werden.

Anzahl der Mitspielenden: Beliebig.

Spielbeschreibung:

Alle bewegen sich frei durch die Halle. Der Spielleiter spielt, nachdem er zwei Körperteile gerufen hat, in der Form mit, als er ebenso eine seiner gera-

de gerufenen Gliedmaßen an das zudem noch aufgerufene Körperteil eines anderen Mitspielers hält. Trotzdem ist es wichtig, die Gruppe im Auge zu behalten, da derjenige, der als Letzter einen Partner gefunden hat, zum neuen „Körperteilansager" wird. Da es keinen Gewinner gibt, sollte das Spiel so lange gespielt werden, wie es Spaß macht bzw. bis fast jeder einmal die vorher ausgedachten Körperteile „loswerden" konnte.

Bemerkungen:
Bekannter ist das Spiel unter dem Namen „People to People". Durch die New Games-Bewegung kam es von den USA nach Deutschland und wird seitdem besonders bei großen Veranstaltungen wie Spielfesten, Vereinsfesten u.a. gerne als sogenannter „Eisbrecher" gespielt. Von Vorteil ist ebenfalls, dass Alt und Jung hierbei problemlos zusammenspielen können.

C 5. Kartonberührungen

Materialien: Pro Teilnehmer einen (Schuh-) Karton.

Spielidee: In einer vorher festgelegten Zeit soll jeder versuchen, möglichst viele Kartons zu berühren.

Anzahl der Mitspielenden: Beliebig.

Spielbeschreibung:
In einem je nach Anzahl der Mitspielenden begrenzten Spielfeld, sollen die Teilnehmenden in ca. einer Minute so viele Punkte wie nur möglich sam-

meln. Jede Berührung eines fremden Kartons zählt einen Punkt. Um zu vermeiden, dass man vor nur einem fremden Karton stehen bleibt und bei ihm die Punkte sammeln möchte, kann, wenn es nötig erscheint, die Regel eingeführt werden, dass mindestens zweimal zwischen-durch jemand anderes berührt werden muss, ehe erneut zum gleichen Karton zurückgekehrt werden darf.

Auch hat sich bewährt, den in Normalturnhallen meistens üblichen Mittelkreis des Basketballfeldes zur Tabuzone zu erklären. Schon durch diese kleine Maßnahme verhindert man meistens ein Standspiel.

Abwandlungen:

a) Anstatt den Karton zu berühren, sollen möglichst viele Hände geschüttelt und dabei „Guten Abend" gesagt werden. Als Punkt gilt der Händedruck mit einem „Fremden" sowie ein deutlich zu hörendes „Guten Abend" (natürlich je nach Tageszeit umzuwandeln) .

b) Anstelle der o.a. Aufgabe ist das Zeitlimit etwas größer, dafür jedoch die Aufgabenstellung auch anspruchsvoller: Es geht darum, sich in der vorgegebenen Zeit möglichst viele Namen zu merken.

c) Eine weitere Variante wäre, wenn gemeinsam mit der Gruppe noch andere Fragen festgelegt würden: z.B. Lieblingsurlaubsort, Hobby, Geburtsort usw. Eine Möglichkeit, sich besser kennen zu lernen.

d) Unter dem Titel „Berührungen" wird das Spiel in der Weise durchgeführt, als in der vorgegebenen Zeit möglichst viele Menschen berührt werden müssen. Es gewinnt derjenige mit den meisten Berührungen, egal an welcher Körperstelle der Stups landete.

e) Die Berührungen zählen nur, wenn sie an der angegebenen Stelle erfolgten: Beine, Rücken, Po usw. oder wenn man das in der Übungsstunde schwerpunktmäßig eingesetzte Handgerät, wie bei dem Beispiel mit dem Schuhkarton, zum gegenseitigen Antippen benutzt.

f) Die Formen „d" und „e" werden dadurch variiert, dass man von den erzielten Punkten so viele abziehen muss, wie man Spieler doppelt berührt hat. Ehrlichkeit ist bei dieser Variante besonders gefragt.

C 6. Kreisprellball

Materialien: Faust-, Volley-, Gymnastik- oder Tennisbälle oder springende Schaumstoff- oder Strandbälle und für jedes Paar/jede Vierergruppe einen Gymnastikreifen.

Spielbeschreibung:

Um einen Kreis von ca. 2 m Durchmesser verteilen sich vier Spieler und bilden jeweils zu zweit eine Mannschaft. Die aufschlagende Mannschaft versucht, den Ball mit der geschlossenen Hand so in den Kreis zu prellen, dass der Gegner Probleme beim Zurückprellen bekommt. Nur einmaliges Aufspringen des Balles zwischen den einzelnen Schlägen ist jeweils erlaubt. Das Spielen mit springenden Schaumstoff- und Strandbällen wird von den Teilnehmenden meistens bevorzugt. Die Spielform mit einem Tennisball ist dagegen wesentlich schwieriger. Gespielt wird hierbei mit der offenen Hand, trotzdem darf der Ball nicht geführt werden.

Abwandlung:

Klappt es zu viert gut, kann man sich auch an ein Einzel wagen.

C 7. Kreisfußball

Materialien: Ein Schaumstoffball.

Spielidee: Es geht darum, ähnlich wie beim Fußball, Punkte zu erzielen.

Anzahl der Mitspielenden: Nicht mehr als zehn pro Kreis.

Spielbeschreibung:

Die Mitspielenden fassen sich zu einem Kreis an (bei mehr als zehn Mitspielenden, entsprechend mehr Kreise). Jeder Spieler versucht nun, den Ball aus dem Kreis hinauszuschießen. Der Spieler, an dessen rechter Seite oder durch dessen Beine (beides stellen die „Tore" dar) der Ball den Kreis verlassen hat, erhält einen Minuspunkt.

C 8. Zehnerball

Materialien: Ein Schaumstoff-, später Volley-, Gymnastik- oder Mini-Basketball.

Spielidee: Die Spieler versuchen, sich den Ball zehnmal, ohne dass er zu Boden fällt oder von der gegnerischen Mannschaft abgefangen wird, zuzuspielen.

Anzahl der Mitspielenden: 4-8 pro Mannschaft.

Spielbeschreibung:
Da das zehnmalige Fangen, ohne zwischenzeitliches Abfangen durch den Gegner, als Punkt gilt, versucht jede Mannschaft, sich den Ball geschickt zuzuspielen. Fällt er zu Boden, verliert die ballbesitzende Mannschaft den Ball und die andere startet einen erneuten Versuch.

Abwandlung:
Zehnerball kann auch mit fast allen anderen Spielen kombiniert werden. Erst nach zehn gültigen Fängen darf die Mannschaft in einen Korb oder auf ein Tor werfen. Selbst eine Kombination mit hockey- oder fußballähnlichen Spielen der Kategorie II ist möglich.

C 9. Gordischer Knoten

Materialien: Pro Teilnehmer einen Strumpfzopf, eine zusammengefaltete Mülltüte, einen Gymnastikstab oder ein Handtuch.

Spielbeschreibung:
Alle Teilnehmenden stehen in einem Kreis zusammen, jeder hat in der rechten Hand eines der o.a. Geräte und ergreift nun ein „freies" Gerätende von einem der Mitspielenden, bis alle „verknotet" sind. Durch Drunterhergehen und Drübersteigen, jedoch immer ohne die Handfassung zu lösen, versucht man, gemeinsam eine Lösung für das Lösen des Knotens zu finden.

Achtung!

Das Spiel gelingt nicht, wenn man nur mit einem anderen Spieler eine Verbindung eingeht. D.h. der freie Zipfel der eigenen Mülltüte muss wenigstens von jemand anderem gefasst werden als wiederum von der Person, deren freies Ende des Müllsackes man selbst in der Hand hat.

C 10. Ball über die Schnur

Materialien: Flatterband oder eine Schnur und einer der schon vorher des öfteren beschriebenen Bälle bzw. ein bis zwei Riesenluftballons (siehe Abb. S. 99).

Spielbeschreibung:

Zwei Mannschaften von vier bis sechs Spielern versuchen, einen Ball so über ein in ca. 2 m Höhe aufgehängtes Flatterband zu werfen, dass er beim Gegner möglichst den Boden berührt. Vor jedem erneuten über „die Schnur/das Band-Spielen" darf der Ball bis zu dreimal berührt werden. Der jeweilige Fänger des Balles darf seinen Platz bis zum Abwurf des Balles nicht verlassen. Gespielt wird nach Zeit oder einer vorher festgelegten Punktzahl.

C 11. Hipp-Hepp-Tipp-Tepp

Materialien: Ein bis drei Bälle.

Spielbeschreibung:

Alle Mitspielenden bilden einen Kreis. Jeder Dritte beginnt mit einem Ball. Durch Zurufe von außen wird das Spiel gelenkt:

„Hipp" bedeutet, dass der Ball immer dem links stehenden Nachbarn zugeworfen wird, „Hepp", dass nach rechts geworfen wird. Beim Ruf „Tipp" muss der Ball nach links, bei „Tepp" nach rechts geprellt werden.

Abwandlung:

Noch größere Konzentration erfordert das Spiel, wenn jeder Zweite oder zum Schluss gar jeder zu Spielbeginn in Ballbesitz ist.

C 12. Wandernde Stäbe

Materialien: Pro Teilnehmer ein Gymnastikstab.

Spielbeschreibung:

Alle Mitspielenden stehen im Kreis und haben vor sich einen Gymnastikstab stehen. Nachdem zuvor eine Richtung bekannt gegeben wurde, lässt jeder seinen eigenen Stab fallen und versucht, den vom Nachbarn noch zu erwischen, ehe er zu Boden fällt. Leichter ist es, wenn der Stab so fallen gelassen wird, dass er dem Nachbarn schon etwas entgegenfällt. Klappt dies gut, kann man das Spiel noch dadurch erschweren, dass man die Richtung nicht mehr vorher festlegt, sondern jedes Mal neu angibt.

Wer es unbedingt möchte, kann das Spiel mit einem Ausscheiden derjenigen spielen, die den Stab nicht mehr auffangen konnten. Falls man auf diese Weise einen „Sieger" ermitteln möchte, sollten aber unbedingt, wenn die ersten beiden ausgeschieden sind, diese beiden schon wieder eine neue Gruppe eröffnen, zu der dann immer mehr dazukommen.

C 13. „Verzaubern"

Materialien: Pro Teilnehmer ein Chiffontuch und eine Teppichfliese, eine leere Küchenpapierrolle.

Spielbeschreibung:

Alle Mitspielenden stehen mit jedem Fuß auf einer Fliese und müssen so vorwärts rutschen, dass ein Chiffontuch, das sie vor dem Bauch oder vor der Brust hängen haben, nicht herunterfällt. Einer ist der Fänger. Er hat eine leere Küchenpapierrolle als „Zauberstab" in der Hand und muss versuchen, andere Teppichfliesenrutscher damit zu berühren. Gelingt ihm dies, bleibt der Berührte „verzaubert" stehen (in größeren Gruppen nimmt man entsprechend mehr Personen, die verzaubern dürfen). Ein Spieldurchgang ist entweder beendet, wenn alle verzaubert sind, oder man spielt es nach Zeit, dann können die „Verzauberten" erlöst werden, wenn sie gleichzeitig von zwei noch im Spiel befindlichen Mitspielern berührt werden.

C 14. Tuchwechsel

Materialien: Pro Teilnehmer ein Chiffontuch.

Spielbeschreibung:

Alle bilden einen Kreis und jeder Teilnehmer hat ein Chiffontuch in der Hand. Auf Zeichen des Spielleiters werfen alle gleichzeitig ihr Tuch senkrecht in die Höhe, machen einen Schritt nach links und fangen das vom linken Nachbarn hochgeworfene Tuch auf, bevor es auf den Boden fällt.

C 15. Jonglieren mit Tüchern

Materialien: Für jeden Teilnehmer drei Chiffontücher.

Spielbeschreibung:

Jeder Teilnehmer hat drei Chiffontücher in möglichst unterschiedlichen Farben. Zwei werden in eine Hand genommen, eins in die andere. Nun wird ein Tuch aus der Hand mit den zwei Tüchern geworfen und das fliegende gefangen. Spielt man es in Gruppen nach Punkten (eine gültige Farbfolge = ein Punkt), hat dieses meistens den Vorteil, dass man sich gegenseitig im Sinne eines Micro-Teachings noch mehr hilft.

C 16. Farbwechsel

Materialien: Pro Teilnehmer ein farbiges Tuch/Chiffontuch, wobei die Verteilung in der Gruppe etwa so aussehen könnte: drei rote, drei blaue, vier gelbe, vier grüne, vier lila und vier schwarze Tücher.

Spielbeschreibung:

Die Teilnehmenden gehen oder laufen nach einer entsprechenden Musik durch die Halle. Bei Musikstopp werden immer zwei Farben aufgerufen. Diese gehen möglichst schnell zusammen.

Abwandlung:

Noch schwieriger wird es, wenn z.B. „zwei Gelbe, ein Rotes und drei Grüne" gerufen wird.

C 17. Feuer, Wasser, Blitz mit Handtüchern

Materialien: Pro Teilnehmer ein Handtuch.

Spielbeschreibung:

Das vor allem durch das Kinder- oder Eltern-und-Kindturnen bekannte Spiel wird meistens „konkurrenzorientiert" so gespielt, dass der letzte Spieler ausscheidet, was jedoch gerade mit der Gruppe „50 Plus" vermieden werden sollte. Hier hat sich folgende Abwandlung bewährt: Jeder Teilnehmer geht, mit einem Handtuch „ausgerüstet", nach einer motivierenden Musik durch den Raum: Bei Feuer setzt sich ein Teilnehmer auf den von einem anderen Mitspieler gebildeten Stuhl (das Feuer), ein anderer legt sein Tuch darüber, um es zu „ersticken". „Regen" oder „Wasser" bedeutet, dass sich zwei Teilnehmer zusammenfinden und ihre beiden Tücher so über ihre Köpfe halten, als ob sie sich damit vor der Nässe schützen könnten. Bei „Blitz" bleiben alle stehen, halten ihr Tuch an einem kurzen Ende und versuchen, durch heftige Auf- und Abwärtsbewegungen „Blitze" zu simulieren. Bei dieser Spielform gibt es kein Ausscheiden. Vertut sich jemand in der Bewegung, ist das ein Zeichen für den Wechsel der Ansage. Auch wenn alles problemlos abläuft, sollte die Ansage immer wieder wechseln.

C 18. Platzwechsel

Materialien: Ein Fallschirm.

Spielbeschreibung:

Der Fallschirm wird zunächst gemeinsam auf- und abgeschwungen. Ziel ist es, die gemeinsamen Bewegungen so gut zu koordinieren, dass er sich

aufbläht und fast in der Luft steht. Dies erreicht man am leichtesten, wenn alle Mitspielenden bei der Aufwärtsbewegung einen kleinen Schritt nach innen gehen und die Arme anschließend strecken. Sind zu starke Größenunterschiede zwischen den einzelnen Teilnehmern vorhanden, sollten auch diese vorher ausgeglichen werden.

Beim eigentlichen Spiel wechseln immer die Mitspielenden die Plätze, die von der Ansage betroffen sind: z.B. „alle, die heute morgen ein Ei zum Frühstück gegessen haben" oder „alle, die in diesem Monat Geburtstag haben". Man sollte sich etwa zehn solcher Beispiele vorher zurechtlegen und natürlich die Ideen der Teilnehmer mit einbeziehen.

C 19. Wind, Sturm, Orkan

Materialien: Ein Fallschirm.

Spielbeschreibung:

Je nach Durchmesser des Fallschirms verteilen sich 10-15 Personen um ihn herum und bewegen ihn zunächst sanft, dann immer stärker und zum Schluss auch noch mit begleitenden Geräuschen auf und ab.

C 20. Ballschleudern

Materialien: Ein Fallschirm, Luftballons oder verschiedene leichtere Bälle.

Spielbeschreibung:

Die Teilnehmer versuchen, durch heftige gemeinsame Bewegungen mit dem Fallschirm einen oder mehrere Bälle/Luftballons möglichst hoch zu schleudern.

Wenn die Hälfte der Mitspielenden den Fallschirm losläßt, kann sie versuchen, die herausgeschleuderten Bälle zu fangen.

C 21. Fallschirmgolf

Materialien: Ein Fallschirm, ein Tennisball, ein Eimer.

Spielbeschreibung:

Die Teilnehmer versuchen, einen Tennisball so durch das sich in der Mitte des Fallschirms befindliche Loch zu rollen, dass er genau in einen darunter stehenden Eimer fällt.

C 22. Berg- und Talfahrt

Materialien: Ein Fallschirm, ein Pushball oder anderer größerer Ball.

Spielbeschreibung:

Besonders bei dieser Spielform ist eine gute Abstimmung der Gruppe wichtig, denn durch gemeinsames Heben und im richtigen Moment nacheinander Senken des Fallschirms, ähnlich wie bei der bekannten „Ola", soll ein großer, auf dem Tuch liegender Ball, zum Kreisen gebracht werden.

Achtung! Selbst im Spieleifer an richtiges Bücken denken!

C 23. Eichhörnchen/Elefant/Palme

Materialien: Keine.

Spielbeschreibung:

Alle Mitspielenden stehen ohne Handfassung in einem Kreis, der von nicht mehr als zehn Personen gebildet werden sollte.

Zunächst werden die einzelnen „Bilder" der drei Titelbegriffe geübt:

Am leichtesten ist die Darstellung der Palme: Ein mittlerer Spieler hebt beide Arme seitlich schräg hoch, die beiden rechts und links von ihm Stehenden legen den ihm zugewandten Arm an und den ihm abgekehrten schräg über den Kopf, sodass sich seine mit den Fingerspitzen des anderen „Außenspielers“ berühren und die Drei wie eine Palme aussehen.

Beim „Elefant“ fasst der mittlere Spieler sich mit einer Hand an die eigene Nase und steckt den noch freien Arm durch den so gebildeten Kreis. Wird dieser durchgesteckte Arm gestreckt, kann man die Vorstellung eines Rüssels haben. Die beiden Nachbarn von ihm beugen sich mit fast gestreckten Armen seitlich zu ihm, sodass man den Eindruck haben kann, als seien dies die Elefantenohren. Für die Darstellung des „Eichhörnchens“ muss der mittlere Spieler etwas in die Knie gehen und seine Hände vor dem Mund so formen, als hielte er eine Nuss darin. Seine beiden Nachbarn haben beide Hände zur Faust geballt, lassen aber, damit es wie ein Fernglas aussehen könnte, sie nicht ganz geschlossen. Damit das Eichhörnchen besser nach Nüssen Ausschau halten kann, hält jeder Nachbar dem Eichhörnchen dieses „Fernglas“ vor das jeweils ihm zugewandte Auge.

Nachdem diese Darstellungsformen ausreichend geübt wurden, stellt sich der Spielleiter in die Mitte des Kreises, nennt einen der drei Begriffe und deutet auf jemanden, der dann sofort mit seinem rechten und linken Nachbarn den Begriff darstellen muss. Das Spiel schult die gute Koordination, das Gedächtnis und ist sehr lustig. Weitere Begriffe mit ihren Darstellungsmöglichkeiten sollten die Teilnehmer selbst suchen. Bewährt haben sich noch: Häschen, Giraffe, Hund, Schwan, Hot Dog und Hirsch.

C 24. Reifendurchquerung

Materialien: Pro Dreiergruppe ein Reifen und ein Luftballon.

Spielbeschreibung:
In zwei gleich großen Kreisen liegen am Spielfeldrand so viele Reifen wie Dreiergruppen mitspielen. Jede Dreiergruppe hat einen Ballon und spielt sich den Ballon abwechselnd zu, ohne ihn festzuhalten. Möglichst soll er dabei so hoch fliegen, dass einem der Partner genügend Zeit bleibt, um den Reifen hochzuheben, damit die anderen beiden den Ballon hindurchspielen können.

Der Reifen wird anschließend hingelegt und von einem Mitspieler der Dreiergruppe ein nächster Reifen in Uhrzeigerrichtung aufgehoben. Das Durchqueren des Ballons ist nur gültig, wenn der Ballon nicht zu Boden fällt. Da die Kooperation im Vordergrund steht, kann man die Punkte der einzelnen Dreiergruppen zählen, noch wichtiger ist jedoch die Gesamtleistung der einzelnen Kreise. Jeweils einen Punkt gibt es, wenn ein Luftballon einen Reifen durchquert hat.

Abwandlung:
Macht diese Form keine Schwierigkeiten, kann es paarweise versucht werden, oder man differenziert so, dass Teilnehmende mit Kniebeschwerden in Dreiergruppen, die anderen in Zweiergruppen spielen.

Achtung: Der Spielleiter muss darauf achten, dass das Bücken, trotz der Eile, wirbelsäulenschonend ist!

C 25. Inseleinnehmen

Materialien: Für jeden Teilnehmer eine Teppichfliese und Musik zum Laufen bzw. Gehen.

Spielbeschreibung:

Alle Teppichfliesen werden in der Halle verteilt, eine weniger als Teilnehmende mitmachen. Nach Musik wird um die Fliesen herumgelaufen/gegangen, bis die Musik stoppt. Schnell suchen sich alle eine Insel. Obwohl eine zu wenig ist, sollte niemand ausscheiden. Beim nächsten Durchgang hat sicherlich jemand anderes weniger Glück.

C 26. Farbmischung

Materialien: Pro Teilnehmer eine farbige Fliese.

Spielbeschreibung:

Bei diesem Platztauschspiel stehen zu Spielbeginn alle Teilnehmenden auf jeweils einer Fliese. Der Spielleiter ruft eine Farbe der ausgelegten Fliesen auf. Sofort müssen die Mitspielenden, die auf den Fliesen dieser Farbe stehen, die Plätze tauschen. Heißt es „Farbmischung", so ist jeder verpflichtet, seine Fliese zu verlassen und eine neue zu suchen.

Abwandlung:

a) Wird zu Beginn, nachdem alle einer Farbe zugeordnet waren, eine Fliese fortgenommen, wird solch ein „Farbwechsel" dadurch interessanter, dass immer jemand zum Schluss ohne Fliese ist.
Dieser Übriggebliebene darf den nächsten Farbwechsel angeben. Gleichzeitig ist diese Spielform aber auch gefährlicher, weil es durch das hektischere Suchen zum Wegrutschen auf der Fliese kommen kann.

b) Nachdem zunächst, wie bei der vorhergehenden Form, alle eine Fliese besetzt haben, nimmt der Spielleiter wiederum eine davon fort und derjenige, der ohne eigene Fliese ist, ruft eine neue Farbe. Von jetzt ab kommt die Änderung: Er darf danach eine beliebige Fliese besetzen und gehört weiterhin auch zu dieser Farbgruppe. Derjenige, der übrig bleibt, ruft die neue Farbe auf usw., sodass man sich immer wieder an eine neue Farbsituation gewöhnen, d.h. flexibel sein muss.

Achtung: Unbedingt vorher ausprobieren, ob die Fliesen auch alle richtig ausgelegt wurden und ob sie auch wirklich genügend haften.

C 27. Farbensuche

Materialien: Pro Teilnehmer eine Fliese, insgesamt möglichst mehrere Fliesen von unterschiedlichen Farben.

Spielbeschreibung:

Die Mitspielenden laufen nach Musik durch die Halle. Bei Musikstopp wird eine Fliesenfarbe genannt, auf die sich alle Teilnehmer stellen sollen. Vorher kann ausgemacht werden, dass nie mehr als drei Personen auf einer Fliese stehen dürfen.

C 28. Herzbube sucht Herzdame

Materialien: So viele Figurenkarten wie nötig aus einem Skatspiel (Bube, Dame, König), Musik zum Gehen oder Laufen.

Spielbeschreibung:

Alle Teilnehmenden erhalten während des Gehens eine der oben angegebenen Spielkarten. Bei Musikstopp versuchen alle, ihren Partner zu finden, d.h. für die „Damen" (im Spiel können dies natürlich auch männliche Teilnehmer sein) ist es egal, ob sie den „Buben" oder „König" ihrer Farbe zuerst finden. Nur die ersten drei Paare erhalten je einen Punkt, die anderen gehen leer aus. Dann werden die Karten wieder gemischt, und es wird nochmals gegangen, ehe z.B. die Pikdame ihren -könig gefunden hat.

D. Spiele für Stuhlgymnastikgruppen und/oder ÄLTERE mit Bewegungseinschränkungen

In der Literatur wird oft für diese Gruppe der Begriff der „nicht mehr turnhallenfähigen“ Älteren benutzt. Trifft das denn wirklich zu? Selbstverständlich können auf Stühlen sitzend auch Spiele in der Turnhalle stattfinden. Was ist mit den allerorts entstehenden Endoprothesegruppen? Sind sie nicht oder gerade durch ihr künstliches Gelenk wieder „turnhallenfähig“ geworden und wollen es auch möglichst lange bleiben? Dabei sind sie natürlich „bewegungseingeschränkt“. Genauso verhält es sich mit den Infarktgruppen. Nicht alle Spiele sind für sie geeignet, doch viele sind dagegen besonders empfehlenswert, um die Motivation für ein regelmäßiges Training zu fördern.

Ist jemand ein Leben lang sehr sportlich gewesen, wird er lieber stark reduzierte Spielformen in der Halle vorziehen als noch so interessante Spielformen in einer Stuhlgymnastikgruppe mitmachen. So gibt es Gruppen, die sich darauf spezialisiert haben, weil einige der Mitspielenden häufig Gelenkbeschwerden haben, dass alle nun Sitz-Volleyball mit einem Strandball spielen und dazu benötigt man meistens eine Halle.

Selbst innerhalb dieses Kapitels wäre es also nötig, mehr zu differenzieren. Da allerdings viele Ältere, die dieser Kategorie zuzuordnen sind, auch noch einige der Spiele der vorhergehenden Kategorie spielen können, werden an dieser Stelle Spiele und Spielformen beschrieben, die im Gegensatz zu den vorher aufgeführten nicht in Turn- und Sporthallen durchgeführt werden, sondern zumeist in Pfarrsälen, Alteneinrichtungen o.ä. stattfinden.
(Ausnahme D11)

Der Anteil solcher Gruppen mit Bewegungseinschränkungen ist, mit Ausnahme des Deutschen Behindertensportverbandes, für den DTB und andere Sportverbände zwar noch die zahlenmäßig kleinste Gruppe, doch das wird sich ändern. Durch Kooperationen mit den Seniorenbüros, mit den beiden großen Kirchen und anderen Seniorenorganisationen sowie Patenschaften von Turnvereinen zu Altenheimen/Altenwohnheimen oder durch das Projekt der „Bewegungsengel"/„Bewegung auf Rädern" (bei dem junge, fitte Ältere zu den Hochbetagten in die Wohnung gehen und mit ihnen die Alltagsübungen zu verbessern suchen) wird sich das schon aufgrund der sich noch mehr verändernden Bevölkerungsstruktur in den nächsten Jahren schnell zugunsten dieser Gruppe ändern.

Die wichtigsten Spielgeräte für diese Gruppe der Älteren mit Bewegungseinschränkungen sind Bohnensäckchen, Schaumstoff- und Badebälle.

Da sowohl Bewegungsraum als auch das Bewegungsvermögen der Mitspielenden sehr eingeschränkt sind, erfordern Spiele in dieser Gruppe sehr viel Phantasie. Auf der anderen Seite ist es wiederum auch besonders leicht, mit dieser Gruppe der z.T. schon Hochbetagten zu spielen, da hier das Langzeitgedächtnis noch gut funktioniert und beim Spielen ein riesiger Erfahrungsschatz zu Tage befördert wird. Spiele, die zum Erzählen auffordern, die die Erfahrung des Einzelnen in den Mittelpunkt stellen, sind besonders beliebt. Ältere Menschen erzählen gerne und freuen sich, wenn jemand zuhört. Kommunikationsspiele können wenigstens zeitweise dazu beitragen, die Isolation, in der manche leben, zu durchbrechen und sich mit anderen wohl zu fühlen, gemeinsam zu lachen.

Wenn nicht anders beschrieben, finden alle Spiele im Stuhlkreis statt.

D 1. Wollknäuelspiel

Materialien: Ein Wollknäuel.

Teilnehmer: Sechs bis zwölf.

Spielbeschreibung:

Der Spielleiter wirft einem im Kreis sitzenden Teilnehmer ein dickes Wollknäuel zu und hält den Fadenanfang fest. Zusätzlich bittet er denjenigen, der Gruppe zu erzählen, was er während der letzten Woche gemacht hat. Wenn der Teilnehmer fertig erzählt hat, hält er den laufenden Faden fest und wirft das Knäuel einer anderen Person des Kreises zu. So entsteht zwischen den Mitspielenden ein Fadennetz.

Waren alle Mitspielenden an der Reihe, geht das Knäuel wieder zurück und der zuwerfende Spieler darf den fangenden etwas zu dessen Erzählung fragen, bis sich das Netz wieder aufgelöst hat.

Abwandlung:

Schon in der ersten Runde denkt sich jeder Werfende eine andere Frage aus.

Ziel des Spieles:

Miteinander ins Gespräch kommen, etwas über sich erzählen und von den anderen erfahren.

D 2. Stuhlbeinhockey

Materialien: Pro Teilnehmer eine leere Stoffrolle, auf der Stoff von 1,50 m Breite drauf war oder ein etwa 1,00 m bis 1,30 m langes Stück starren Plastikschlauchs oder Gymnastikstäbe mit Gummistöpseln, damit der Boden nicht zerkratzt (erhältlich in Sanitätshäusern) sowie einen Tennisring oder ein Bohnensäckchen.

Spielbeschreibung:

Bis zu zwölf Teilnehmer bilden einen Stuhlkreis, der dadurch in zwei Hälften geteilt wird, dass die in der Nähe der Spielfeldmitte Sitzenden eine größere Lücke zwischen sich haben. Der Ring bzw. das Säckchen wird so mit einem der zuvor aufgeführten „Schläger" gespielt, dass er/es möglichst von vorne zwischen zwei Stuhlbeine der gegnerischen Mannschaft rutscht. Nur dies ergibt einen Punkt für die angreifende Mannschaft. Auch hier kann eine gewisse Taktik entwickelt werden, indem man sich zunächst sehr gut in der eigenen Mannschaft zuspielt und erst dann in einer günstigen Ausgangsposition versucht, ein Tor zu erzielen.

D 3. Stuhlprellball

Materialien: Für jedes Paar einen Gymnastikreifen und einen Strand- oder Schaumstoffball.

Spielbeschreibung:

Alle Mitspielenden sitzen sich zu Paaren gegenüber und haben zwischen sich auf dem Boden einen Gymnastikreifen liegen. Es geht darum, mit geschlossener Faust den Ball zunächst in den Reifen zu schlagen, sodass der gegenüber Sitzende ihn möglichst nicht zurückschlagen kann. Aufschlag hat jeweils derjenige, der den Ball nicht oder nur fehlerhaft zurückschlagen konnte. Gespielt wird bis zu einer vorher festgelegten Punktzahl oder nach Zeit.

D 4. Tüchertausch

Materialien: Für jeden Teilnehmer ein Chiffontuch.

Spielbeschreibung:

Zuerst sitzen sich die Teilnehmer zu zweit gegenüber. Der eine wirft hoch, der andere fängt auf, dann dasselbe in kleinen Gruppen oder mit drei zusammengestellten Stühlen. Später stehen die Stühle im Kreis. Auf ein Zeichen werfen alle ihre Tücher etwas nach links und müssen das Tuch ihres rechten Nachbarn fangen.

D 5. Rollenwechsel

Materialien: Zwei leere Toilettenpapierrollen und für jedes teilnehmende Paar ein Handtuch.

Spielbeschreibung:

Alle Mitspielenden setzen sich zunächst zu Paaren in einem doppelten Stuhlkreis gegenüber. Jeweils zwei Teilnehmer fassen an den Zipfeln der kurzen Seite ein Handtuch und bewegen es auf und ab bzw. spannen und lösen es. Eine leere Toilettenpapierrolle wird auf diese Weise hochgeworfen und vom nächsten Paar aufgefangen. Dieses gibt die Rolle, ohne sie fallen zu lassen, ebenfalls weiter, bis die Rolle so oft gewechselt wurde, dass sie wieder am Anfangspunkt ist.

Abwandlung:

Klappt diese Form, können zwei solcher Doppelstuhlkreise gebildet werden und der eine spielt gegen den anderen Kreis.

Anstelle der Rolle können auch andere Gegenstände oder Strandbälle transportiert werden.

D 6. Fangtuch

Materialien: Zu zweit ein Handtuch und einige Korken, Schwämme, Wollknäuel (das Ende mit Tesafilm verklebt) sowie einige kleine Pappschachteln.

Spielbeschreibung:

Jeweils zwei Mitspieler halten ein Handtuch. Die anderen werfen ihnen unterschiedliche Gegenstände zu, für die sie, wenn sie sie gefangen haben, unterschiedliche Punkte erhalten.

Korken	=	drei Punkte
Schwamm	=	einen Punkt
Wollknäuel	=	zwei Punkte
Pappschachtel	=	zwei Punkte

D 7. Schneebälle fangen

Materialien: Für jedes Paar ein Handtuch, Stofftuch oder eine noch unbenutzte Mülltüte sowie aus alten Zeitungen angefertigte „Bälle“.

Spielbeschreibung:

Die Gruppe wird unterteilt in die Hälfte der Werfer und die andere Hälfte der Fänger, die jeweils in einer der beiden, durch eine Stuhlreihe getrennten, Raumhälfte stehen. Bei den Fängern halten immer zwei Personen ein Handtuch gespannt und müssen versuchen, eine vorher festgelegte Anzahl zusammengeknüllter Zeitungen (die Schneebälle) mit dem Handtuch aufzufangen.

Es kommt darauf an, dass Werfer und Fänger möglichst gut miteinander kooperieren, damit alle „Schneebälle“ gefangen werden. Sollte der Wunsch bestehen, nicht nur zu kooperieren, sondern auch zu konkurrieren, teilt man sowohl Werfende als auch Fangende in zwei Gruppen (A und B) und es gewinnt die Gruppe mit der größten „Fangquote“.

Abwandlung:

Kann die Gruppe nicht mehr gut stehen, ist das Spiel auch sitzend spielbar. Die jeweils Fangenden sitzen mit ihren Stühlen so zusammen, dass das Handtuch beim leichten Zurücklehnen gespannt ist. Die Aufstellung der Stühle erfolgt dann so, dass sich die beiden Gruppen ansehen und zweckmäßigerweise hat man zwischen den Werfern und Fängern eine Schnur/ein Straßenbauband o.ä. gespannt.

D 8. Feuerwehr und Sprungtuch

Materialien: Ein Schwungtuch, Fallschirm oder eine Malerfolie, eine Puppe oder ein Stofftier.

Spielbeschreibung:

In der Mitte des Tuches liegt ein Stofftier oder eine Puppe, das/die mit Hilfe des Tuches hochgeworfen wird und wieder aufgefangen wird. Es/sie darf nicht herausfallen.

D 9. Geduldsprobe

Materialien: Ein Fallschirm, Schwungtuch oder Bettlaken, ein Plastikeimer, zwei bis drei Tennisbälle.

Spielbeschreibung:

Die Teilnehmer sitzen im Stuhlkreis so weit auseinander, dass das Tuch nicht ganz gespannt ist (eventuell muss der Rand etwas gerafft werden). Durch Ziehen, Heben und Senken versuchen die im Stuhlkreis Sitzenden, zunächst einen, dann zwei und später drei Tennisbälle in den ebenfalls auf- und abhopsenden Eimer zu bekommen. Es genügt das Gruppenerlebnis, das Miteinander. Bei dieser Spielform kann man sich zwar vorstellen, dass gegen eine zweite Stuhlkreisgruppe gespielt wird, doch birgt das Spiel genügend Reiz in sich.

D 10. Ballontausch

Materialien: Pro Teilnehmer einen Luftballon.

Spielbeschreibung:

Jeder hat einen Ballon und hält ihn, im Kreis stehend oder sitzend durch leichtes Schlagen in der Luft. Auf ein Zeichen tippen ihn alle schräg links vorwärts, sodass der linke Nachbar ihn bekommt, während man selbst von rechts annehmen muss. Pro richtige Flugrichtung gibt es einen Punkt. Schlägt man den Ballon zu ungenau, gibt es einen Punktabzug. Gespielt wird nach Zeit oder Punkten.

D 11. Sitzvolleyball

Materialien: Eine Leine/ein Flatterband, ein Strand- oder Schaumstoffvolleyball, pro Teilnehmer eine Matte.

Spielbeschreibung:

Dieses Spiel findet in der Halle statt und hat nicht nur für Bewegungseingeschränkte seinen Reiz. Jeder Teilnehmer sitzt auf einer Matte. Das Spielfeld ist unterteilt durch ein in ca. 1 m Höhe gezogenes Straßenbauband oder eine Leine. Mit allen Körperteilen darf ein Strandball nach Volleyballregeln über das Band/die Leine auf die andere Seite geschlagen werden, ohne dass er im eigenen Feld den Boden berührt. Zunächst ist es günstiger, fünf Kontakte während eines Spielzuges zu erlauben, später dann, wie beim „Fußgänger-Volleyball", sind auch hier bis zu drei gestattet.

D 12. Sitzflugball

Materialien: Ein Strandball oder Riesenluftballon und ein Flatterband o.ä.

Spielbeschreibung:

Die Stühle stehen am günstigsten so, dass drei in der vorderen Reihe, drei etwas versetzt dahinter stehen und in der anderen Mannschaft gegenüber genauso. Die Abstände zwischen den Stühlen sollten so sein, dass sich die Fingerspitzen der Sitzenden gerade noch berühren können.

Zwischen beiden Mannschaften ist in ca. 1,50 m Höhe ein Straßenbauband gespannt, über das der Luftballon volleyballähnlich gespielt wird, d.h. bis zu dreimal im eigenen Spielfeld berührt wird und spätestens dann auf die andere Seite fliegen muss.

Ein Spieler sollte in jeder Spielfeldhälfte immer „frei" sein, um den herunterfallenden Ballon aufzuheben. Nach einer Zeit wird dieser eingewechselt. Auch empfiehlt es sich, ab und zu die hintere mit der vorderen Reihe wechseln zu lassen. Eine „Rotation", wie sie vom „normalen" Volleyball her bekannt ist, würde zu viel Unruhe in das Spiel bringen, dagegen kann, wenn man sich nicht auf eine andere geeinigt hat, die Zählweise vom Volleyball übernommen werden.

D 13. Zickzackförderband

Materialien: Pro Teilnehmer ein Gymnastikseil und für jede Gasse ca. acht Luftballons.

Spielbeschreibung:

Die Mitspielenden bilden mit ihren Stühlen zwei Gassen. Auf den Stühlen sitzend werden doppelt genommene Sprungseile mit ca. 10 cm Abstand voneinander im Zickzack hin- und hergespannt und auf ihnen, ohne die Hände zu benutzen, Luftballons (auf diesem Seilförderband) von einer Seite zur anderen transportiert. Es gewinnt die Stuhlgasse, die in kürzester Zeit die vorgegebenen Ballons, ohne dass diese zu Boden fallen, über das „Förderband" gehen lässt.

D 14. Bechertennis im Sitzen

Materialien: Für jeden Mitspielenden einen Joghurtbecher und für jedes Paar einen Tischtennisball.

Spielbeschreibung:

Die Paare sitzen sich, gut verteilt, gegenüber und spielen sich mit Hilfe des Joghurtbechers einen Tischtennisball zu. Der Ball darf nur einmal auf den Boden prellen. Prellt er öfter oder kann er gar nicht gefangen werden, ergibt das einen Punkt für den Gegner.

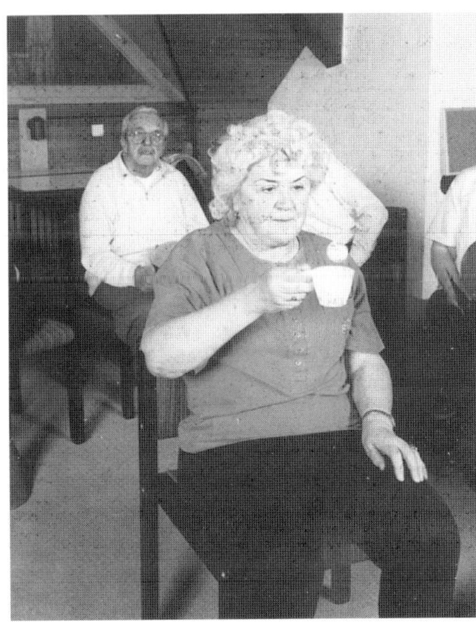

D 15. Welches Säckchen überholt?

Materialien: Zwei bis vier farbige Bohnensäckchen.

Spielbeschreibung:

Die Teilnehmenden sitzen im Stuhlkreis und zählen zu zweit ab. An zwei verschiedenen Stellen wird nun ein jeweils andersfarbiges Bohnensäckchen ins Spiel gebracht. Eines bei einer Nummer Eins, das andere bei einer Zwei, möglichst auf der gegenüberliegenden Seite. Bei Spielbeginn wirft der Spieler der Zahl „eins" das Säckchen zu seinem übernächsten Nachbarn, ebenfalls einer „Eins", während die Zwei zur nächsten Zwei wirft. Man versucht, mit einem Säckchen das andere einzuholen. Später kann man auch zu dritt oder viert abzählen und entsprechend mehr Bohnensäckchen ins Spiel bringen.

D 16. Tischtennisball-Bohnensäckchen-Tennisball

Materialien: Ein Tischtennisball, ein Bohnensäckchen, ein Tennisball.

Spielbeschreibung:

Im Stuhlkreis, mit etwas Abstand voneinander sitzend, werden nach dem im vorhergehenden Spiel beschriebenen System die drei sich unterschiedlich anfühlenden Gegenstände jeweils dem Übernächsten zugeworfen. Bei dieser Form ist nicht das Überholen wichtig, sondern dass möglichst keiner der drei Gegenstände fallen gelassen wird. Die jeweilige Anpassung an die sich ganz unterschiedlich fangen lassenden Materialien steht hierbei im Vordergrund. Wenn die Gruppe es wünscht, könnte man auch hier die fehlerhaften Fänge zählen, meistens genügt jedoch die einfache Aufgabenstellung.

Abwandlung:

Der Phantasie, noch weitere Gegenstände, wie z.B. Sofakissen, Knautschis oder Wollknäuel „wandern" zu lassen, sind keine Grenzen gesetzt.

E. Staffeln – erlaubt oder verboten?

Grundsätzliches zur Durchführung von Staffeln mit ÄLTEREN

Staffeln für Ältere? Oft werden sie rigoros abgelehnt, verbindet man sie doch mit dem, was man aus der Schulzeit oft in Erinnerung hat: Sprints, und wenn einer einmal nicht so schnell war, ärgerte sich meistens die ganze Gruppe.

Doch Staffeln können unter Berücksichtigung der physischen Leistungsfähigkeit Älterer bewusst einbezogen werden, ohne dass eine Gefahr der Überbelastung gegeben sein muss. Die Spielformen zielen auf eine möglichst vielseitige Belastung ab und erfordern neben der Teamarbeit in der Gruppe auch taktische Fähigkeiten zur Lösung ungewöhnlicher Bewegungsaufgaben.

„Sanfte Staffeln"(BRINCKMANN/RODER 1985) sollten daher in einer entkrampften Leistungsatmosphäre, mit dosierter Belastung, einem Quentchen Glück und kontrollierten Wettkampfelementen zum Sport mit Älteren gehören. Was für die Spiele gilt, hat auch für die Zusammensetzung der Staffeln Gültigkeit: Es empfiehlt sich, die Bildung von festen, immer gleichen Mannschaften zu vermeiden, um eine übertriebene Wettkampfstimmung abzubauen. Der Reiz für alle Beteiligten erhöht sich, wenn die Zusammensetzung der Gruppen eine Vorhersage über den Ausgang des Staffelwettbewerbs unmöglich macht. Für die Altersgruppe der Älteren gilt zudem, dass es mehr auf die Mannschafts- als auf die Einzelleistung ankommen sollte. Durch Festlegen der gemeinsamen Taktik sowie erforderliche andere Absprachen, wie sie bei einem Gruppenwettstreit selbstverständlich sind, geht Kommunikation vor Leistung.

Zu vermeiden sind Staffeln, die mit Sprints oder dem Tragen schwerer Gegenstände verbunden sind, stattdessen sollten manchmal Würfel hinzugenommen werden. Bei solchen kombinierten Staffeln mildern Glück oder Pech beim Würfeln oft den Spielgedanken des Wettkampfes und die körperliche Leistungsfähigkeit ist nicht allein ausschlaggebend, sodass meistens alles etwas „lockerer" genommen wird. Viele bekannte Staffeln lassen sich mit Älteren auch in ***der*** Form durchführen, dass unter jedem Fuß eine umgedrehte Teppichfliese liegt und anstelle des sonst üblichen Sprints auf diesen Fliesen gerutscht werden muss, oder man lässt als „Ablenkung/Bremse" etwas Leichtes tragen/balancieren, um so das Tempo zu vermindern.

Da bei allen Staffeln immer beliebig viele Teilnehmer mitmachen können, wurde die Kategorie „Anzahl der Teilnehmenden" jeweils ausgespart.

E 1. Begegnungsstaffel

Materialien: Pro Staffel einen Schaumstoffball oder -würfel, Ball oder andere Gegenstände.

Staffelidee: Partnerweise Transport eines bestimmten Gegenstandes und geschicktes Übergeben auf Tempo.

Spielbeschreibung:

Jede Mannschaft hat im Abstand von ca. 20 m gegenüber noch einmal die gleiche Anzahl Teilnehmender stehen. Zwei Mitspielende müssen möglichst schnell, ohne Zuhilfenahme der Hände, einen Schaumstoffball oder Luftballon, der zwischen den beiden Körpern gehalten wird, auf die andere Seite bringen, ohne ihn fallen zu lassen, wo er vom nächsten Paar in der gleichen Form übernommen wird. Ob nebeneinander, zwischen den Hüften, hintereinander zwischen Po und Bauch oder aber mit noch anderen Körperteilen ist dabei egal.

E 2. Bild ergänzen

Materialien: Pro Mannschaft eine Teppichfliese, die Rückseite eines alten Plakates/eines großen Kalenderblattes oder ein Stück alter Tapete, einen Eddingstift oder Buntstifte und einen Stuhl, Sprungkasten o.ä.

Spielbeschreibung:

Die Mannschaften, zu nicht mehr als sechs Teilnehmer, stehen etwa 20 m von ihrem Stuhl/Kasten entfernt. Der Startende steht mit einem Fuß auf einer Teppichfliese und hat einen Stift in der Hand. Der Spielleiter nennt ein Motiv, z.B. „Kölner Karneval", und gibt damit den Start für das Rutschen zur anderen Seite und den Beginn der Zeichnung. Nach insgesamt fünfzig Sekunden wird abgepfiffen und der „Rückrutsch" muss angetreten werden. Der Nächste übernimmt die Fliese, den Stift und setzt, nach möglichst schnellem Rutschen, die Zeichnung fort. Spontanes Einlesen und Weiterentwickeln ist erforderlich. Die Mannschaft, die das phantasievollste Bild zusammengestellt hat, gewinnt.

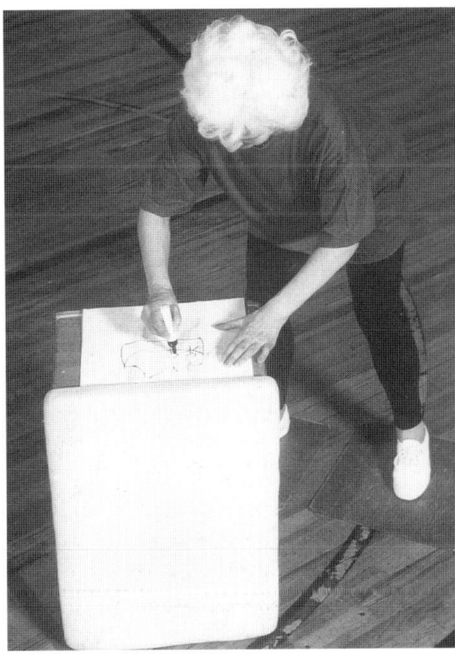

Abwandlung:

Selbst mehrere Buntstifte, anstelle nur des einen Stiftes, zu übernehmen, erschwert die Aufgabe ganz wesentlich, da es nicht nur zur Mehrfachkoordination, sondern auch zu einem erschwerten Zurechtfinden auf dem Bild kommt.

E 3. Puzzlestaffel

Materialien:

Nach Anzahl der teilnehmenden Staffeln je zwei Teppichfliesen, ein Sprungkasten und einen Gymnastikreifen sowie ca. zehn Puzzleteile.
Um das Puzzle anzufertigen, klebt man am günstigsten pro Staffel ein Plakat auf einen festen Karton oder Styropor und schneidet jedes Plakat mit einem Teppichmesser in gleich große Teile. Damit die Einzelteile später leichter auseinander zu halten sind, empfiehlt es sich, die Rückseite jeweils mit einem anderen Zeichen zu versehen, z.B. Kreuze, Kreise, Quadrate.

Staffelidee:

Transport einzelner Puzzleteile und gemeinsames Puzzlen.

Spielbeschreibung:

An einer Stirnseite der Halle steht jeweils ein Sprungkasten, an der anderen liegt ein Gymnastikreifen, während sich die Mitspielenden in der Hallenmitte befinden.

Im Reifen „warten" Puzzleteile (mit der Rückseite nach oben) darauf, dass sie einzeln auf die andere Seite befördert und dann zu einem Ganzen zusammengesetzt werden.

Gestartet wird mit zwei Teppichfliesen unter den Füßen, sodass die Bewegung etwa wie beim Skilanglauf aussieht. Nachdem das Puzzleteil auf diese Weise durch die ganze Halle transportiert wurde, müssen erst die „Gehwerkzeuge" in der Mitte dem Nächsten übergeben werden, ehe jeder, der fertig ist, mit dem Puzzlen beginnen kann. Zum Schluss sind alle daran beteiligt.

Achtung:
Damit die Köpfe nicht zu lange nach unten genommen werden, sollte man darauf achten, dass beim Puzzlen gesessen, gekniet (falls dies ohne Beschwerden möglich ist) oder gehockt wird. Manchmal ist es auch möglich, zwei Sprungkästen übereinander zu stellen.

E 4. Reifenwanderung

Materialien: Pro teilnehmenden Kreis ein, später zwei Reifen.

Staffelidee: Die Teilnehmenden versuchen, ohne die Handfassung zu lösen, durch die Reifen zu steigen.

Spielbeschreibung:

An der Reifenwanderung müssen, wenn man nicht nur des Spielens wegen spielt, mindestens zwei Kreise teilnehmen, um die Spielform als Staffel spielen zu können. Jeder Kreis sollte von nicht mehr als sechs Teilnehmern gebildet werden. Alle Teilnehmer einer Mannschaft bilden einen Handkreis, wobei zwei Mitspielende sich durch einen Gymnastikreifen anfassen, sodass er über ihren gefassten Händen bzw. einem der Unterarme hängt. Alle Kreise sollen nun versuchen, ohne die Hände zu lösen, den Reifen durch Drübersteigen/Durchwinden so „wandern" zu lassen, dass er möglichst schnell wieder am Ausgangspunkt ist.

Klappt diese Form, kann man auch an zwei gegenüberhängenden Reifen starten lassen, sodass sich beide gleichzeitig auf Wanderung befinden.

E 5. Reifensteigen

Materialien: Pro Mitspieler ein Gymnastikreifen.

Staffelidee: Senkrecht nebeneinander gehaltene Reifen müssen auf Tempo im Zickzack durchstiegen werden.

Spielbeschreibung:

Immer fünf, höchstens sechs Teilnehmer stehen nebeneinander mit dem Gesicht zur Längsseite der Halle und fassen anstelle der Hände beider Nachbarn jeweils rechts und links einen Reifen, sodass die ganze Kette quasi durch die Reifen verbunden ist. Es empfiehlt sich, in einem Drittel der Halle starten zu lassen. Der jeweils Erste hat nur in der linken Hand einen Reifen, der Letzte der Mannschaft hat zwar auf jeder Seite einen Reifen, doch auf der linken Seite keinen Partner. Bei Staffelbeginn lösen alle Startenden auch ihre linke Hand vom Reifen und versuchen, sich möglichst schnell durch die etwa kniehoch gehaltenen Reifen zu winden. Haben sie es geschafft, kommt das Wichtigste: Sie müssen schnell an den Start zurück, den ersten Reifen holen und damit an das Ende der Kette laufen, damit der Nächste mit dem Durchsteigen beginnen kann. Die Mannschaften kommen während der Staffel in der Halle ein ganzes Stück vorwärts.

Gewonnen hat die Mannschaft, deren Mitglieder am schnellsten durch die Reifen gestiegen sind bzw. die als Erste die Ausgangsposition wieder erreicht hat.

E 6. Reifenlegen

Materialien: Pro Staffel zwei Gymnastikreifen.

Spielbeschreibung:

Der Erste der jeweiligen Staffel hat zwei Reifen in der Hand, die er so legen muss, dass bei der Vorwärtsbewegung die Füße nur immer in einen oder beide Reifen treten dürfen. Es gibt mehrere Lösungen: die Üblichste ist, dass man sich in einen Reifen stellt, dann den anderen nachholt, ihn nach vorne legt, selbst nachsteigt und den dadurch freigewordenen wiederum in die Bewegungsrichtung legt. **Achtung!** Nicht zu lange Strecken nehmen, damit der Kopf nicht zu lange nach unten hängt!

E 7. Feuerwehrstaffel

Materialien: Pro teilnehmende Mannschaft zwei leere Weckgläser o.ä. und einen Pappbecher/ein Glas sowie Styroporschnipsel, die zum Verpacken zerbrechlichen Materials benutzt wurden oder Wasser und Plastikfolien/Müllsäcke.

Staffelidee: Transport von Wasser bzw. Styroporschnipseln unter Zeitdruck.

Spielbeschreibung:

Die Mitglieder einer Mannschaften stehen im Abstand von ca. 3 m je zur Hälfte auf der einen, zur Hälfte auf der anderen Seite der Halle/des Raumes. Pro Mannschaft steht auf der einen Seite ein volles Weckglas mit Wasser, auf der anderen Seite ein leeres. Mit einem Becher pro Mannschaft ist das Wasser so zu transportieren, dass das leere Glas voll und das volle leer ist.

Günstig ist unter jedem Weckglas ein/e Plastikfolie/-müllsack.

Da diese Staffel besser im Freien zu spielen ist, können für die Halle anstelle des Wassers die weißen Schaumstoffschnipsel, mit denen zerbrechliches Material verpackt wird, benutzt und mit dem Becher so schnell wie möglich von einer Seite zur anderen weitergegeben werden.

E 8. „Klebende Riesenluftballons"

Materialien: Für drei Teilnehmer immer zwei große Luftballons.

Spielbeschreibung:

Zu Beginn der Staffel werden die Ballons, ohne Benutzung der Hände, so zusammengedrückt, dass sie nicht zu Boden fallen. Auf Startzeichen versucht jede Dreiergruppe, sie so schnell wie möglich auf die andere Seite zu bringen. Die Positionen werden dreimal gewechselt, sodass jeder einmal die mittlere Position einnimmt.

E 9. Pingpongball-Schnappstaffel

Materialien: Pro mitspielender Kreis ein/e Tasse/Becher und ein Tischtennisball.

Staffelidee: So schnell wie möglich einen springenden Tischtennisball in einer Tasse zu fangen.

Spielbeschreibung:

Jede mitspielende Mannschaft steht im Kreis und muss versuchen, einen Pingpongball mittels Tasse aufzufangen. D.h. jeder Mitspieler wirft den Ball aus der Tasse hoch, sodass er zu Boden springt. Von dort muss er aus der Luft wieder eingefangen werden. Erst wenn das gelungen ist, wird die Tasse/der Becher an den Nächsten weitergereicht usw., bis es alle geschafft haben. Als Erschwerung kann beim nächsten Spiel das Schnappen nach nur einmaligem Aufspringen des Tischtennisballes verlangt werden.

E 10. Nummernstaffel

Materialien: Pro teilnehmende Mannschaft eine Gymnastikbank und ein Tennisring oder Partyteller.

Staffelidee: So schnell wie möglich einen Tennisring oder Partyteller auf dem Kopf balancierend, den eigenen Platz wieder zu erreichen.

Spielbeschreibung:

Vier bis sechs Bänke, je nach Anzahl der Mitspielenden, werden sternförmig in der Mitte der Halle aufgestellt. Gleichmäßig verteilt sitzen alle im

Reitsitz mit dem Blick zur Mitte auf der Bank und erhalten eine Nummer: die innen Sitzenden die Nummer 1, die nächsten 2 usw. Jede Nummer 1 bekommt einen Tennisring/einen Partyteller auf den Kopf, der balanciert werden muss. Wie beim bekannten Nummernlauf, muss beim Aufrufen einer Zahl von jeder Bank die betreffende Nummer aufstehen, im Uhrzeigersystem alle Bänke umrunden und so schnell wie möglich wieder Platz nehmen. Erschwerend und zugleich „bremsend" kommt hinzu, dass zuvor die „Kopfbedeckung" von dem zuletzt gestarteten Mitspieler genommen werden und, ohne die Hände zu benutzen, balanciert werden muss. Geschieht dies „im Eifer des Gefechts" doch einmal oder fällt sie zu Boden, muss der Läufer bis zur letzten Bank zurückgehen. Der Schnellste erhält immer drei Punkte, der Zweite zwei, der Dritte einen. Gewonnen hat die Mannschaft mit den meisten Punkten.

E 11. Fliesenrutschen

Materialien: Pro Gespann vier Teppichfliesen, ein Handtuch oder einen neuen Müllsack.

Spielbeschreibung:

Jeder Mitspieler steht auf zwei Teppichfliesen, deren weiche Oberfläche unten liegt. Zwei Mitspieler vorne und zwei Teilnehmende hinten bilden eine Art „Gespann". D.h. sie tragen, als Vierergespann, das Handtuch über ihren Köpfen. Staffelmäßig „schlurfen" sie so durch die Halle und übergeben die Requisiten an die nächste Vierergruppe ihrer Mannschaft, bis alle dran waren.

E 12. Fliesenskifahren

Materialien: Pro Teilnehmer eine Teppichfliese.

Spielbeschreibung:

Jeder Teilnehmer steht mit einem Fuß auf einer Teppichfliese und stößt sich mit dem anderen ab. Klappt diese Bewegung ohne Probleme, wird quasi der „Doppelstockschub" durch das gleichzeitige Vor- und Rückschwingen beider Arme angedeutet. Diese Doppelkoordination ist gar nicht so einfach und wird noch dadurch erschwert, wenn sie in Form einer Pendelstaffel durchgeführt wird.

E 13. Transportstaffel

Materialien: Pro Mannschaft zwei Stäbe und ein Schaumstoff-, Gymnastikball oder Luftballon.

Staffelidee: Auf zwei parallel gehaltenen Stäben muss ein Ball so schnell wie möglich über eine bestimmte Strecke transportiert werden.

Spielbeschreibung:

Die Mannschaften teilen sich jeweils, sodass an jeder Hallenstirnseite eine Hälfte steht. Der Startende hat zwei Stäbe in der Hand, auf denen er einen Ball/Luftballon liegen hat, den er, ohne dass dieser herunterrollt, im Sinne einer Pendelstaffel zusammen mit den beiden Stäben zum Nächsten seiner Mannschaft auf die andere Seite bringt.

Abwandlung:

Anstelle der zuvor angegebenen Stäbe ist es auch nicht einfach, drei Gymnastikbälle, nur mit den Händen zusammengedrückt und nicht eingeklemmt, zum Mitspieler zu bringen.

E 14. Sechstagerennen

Materialien: Pro Mannschaft ein als Hockeyschläger geformter Plastikschlauch oder ein anderer, der auf Seite 72 aufgeführten Alternativen, vier Fähnchen oder andere Male, um die gelaufen wird sowie eine Plastikscheibe oder ein Tennisball.

Staffelidee: Den Ball/die Scheibe vorwärts treibend, versuchen immer einzelne Spieler für ihre Mannschaft durch geschicktes Umrunden der vier Male Punkte zu sammeln.

Anzahl der Mitspielenden: Beliebig. Wenn mehr als vier pro Mannschaft teilnehmen würden, empfiehlt es sich, noch weitere Fähnchen dazuzunehmen, damit die Teilnehmenden öfter aufgerufen werden.

Spielbeschreibung:

Etwa 2 m von allen Hallenecken entfernt steht ein Mal. Die Mitspielenden werden auf die vier Ecken aufgeteilt. Jede Mannschaft nummeriert ihre Mitspielenden durch und hat immer nur einen Schläger und einen Ball oder Puck. Nach dem Aufrufen der entsprechenden Nummer holt der Mitspieler zunächst die Gerätschaften vom Vorgänger und geht/läuft dann, ohne den Ball oder die Scheibe zu verlieren, um alle drei gegnerischen Gruppen herum und wieder auf den eigenen Platz.

Wird also z.B. die Nummer „4" aufgerufen, muss die Nummer 4 jeder Mannschaft außen um die Fähnchen herumlaufen und dabei einen Ball/eine Scheibe mit dem „Schläger" vorwärts treiben. Die Mannschaft, deren Spieler zuerst am Ausgangspunkt zurück ist, erhält drei, der Zweite zwei und der an dritter Stelle Ankommende einen Punkt.

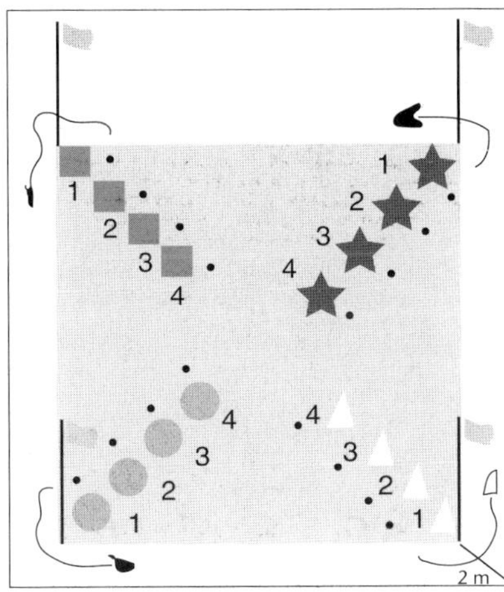

E 15. Ballontransport

Materialien: Für jede Dreiergruppe einen Ballon.

Spielbeschreibung:

Die Teilnehmenden stellen sich zu dritt in folgender Form auf: Zwei Spieler haben, Rücken zu Rücken stehend, einen Ballon zwischen sich festgeklemmt, sodass einer vorwärts, der andere rückwärts gehen muss. Da das Rückwärtsgehen bei Älteren nicht ganz ungefährlich ist, wird der jeweils rückwärts gehende Partner mit einer Hand gehalten und gesichert. Noch schwieriger wird es, wenn auf diese Weise noch flache Hindernisse überwunden werden müssen. Da insgesamt dreimal gewechselt wird, damit sich jeder Teilnehmer in allen Positionen erproben konnte, empfiehlt sich, dass alle Dreiergruppen nebeneinander starten. Es erhält die Gruppe, die nach dem dreifachen Wechsel als Erste wieder in der Ausgangsstellung ist, drei Punkte, die als Zweite einlaufende zwei und einen Punkt das an dritter Stelle ankommende „Gespann".

E 16. Dreibeinlauf

Materialien: Für jeweils zwei Mitspielende drei Fliesen.

Spielbeschreibung:
Als Pendelstaffel rutschen jeweils zwei Teilnehmende auf drei Fliesen vorwärts und haben dabei je einen Fuß auf der mittleren Fliese. Auf der gegenüberliegenden Seite werden die Fliesen gleichzeitig als Start für die beiden Nächsten weitergegeben.

E 17. Mattenschieben

Materialien: Eine Weichbodenmatte.

Spielbeschreibung:
Immer drei, manchmal auch vier Teilnehmer sitzen vor der kurzen Seite einer Weichbodenmatte, die mit ihrer glatten Seite zum Boden zeigt. Es geht darum, sitzend die Matte möglichst schneller als die anderen Mannschaften über eine festgelegte Distanz zu schieben.

E 18. Schuhkartonstaffel

Materialien:
Pro Mannschaft vier bis fünf Schuhkartons mit Deckel.

Spielbeschreibung:
Die Teilnehmer versuchen, mit einem Turm von Schuhkartons möglichst schnell um eine Wendemarke zu gehen und den Stapel Kartons an den Nächsten zu übergeben.

E 19. Mülltütenschleuder

Materialien: Für jedes teilnehmende Paar eine neue große Mülltüte.

Spielbeschreibung:

Zu einer Mannschaft gehören drei bis vier Paare, die in Gassenaufstellung immer zu zweit eine Mülltüte angefasst haben.

Zu Staffelbeginn schleudert das letzte Paar mittels seines Müllsackes den Ball zum nächsten Paar, das wiederum den Ball ebenfalls hochschleudert und läuft nach vorne, ebenso werden alle anderen Paare der Mannschaft, wenn sie hinten stehen dann nach vorne laufen, um dort den Ball wiederum mit der Mülltüte zu fangen und wieder hochzuschleudern. Gewonnen hat die Mannschaft, die diesen Ablauf dreimal am schnellsten zurückgelegt hat.

Achtung! Da die Mannschaften immer weiter nach vorne kommen, sollte an der Stirnseite der Halle begonnen werden.

F. Spiele für besondere Gelegenheiten

Wie schon in der Einleitung angeführt, handelt es sich bei den im Hauptteil dieses Buches beschriebenen Spielen und Staffeln immer darum, entweder Anregungen zu geben, welche Bewegungsspiele zusätzlich zu der Gymnastik in eine wöchentliche Sportstunde einfließen könnten, oder darum, Lust auf die Teilnahme an einem der in der Kategorie A aufgeführten Spiele zu machen. Für diesen letzten Fall würde das bedeuten, dass man vielleicht zweimal in der Woche Sport betreibt, und, dass eventuell mehr Tchoukballgruppen, Frisbeemannschaften u.a. für Ältere eingerichtet würden. Wünschenswert wäre es aber auch, dass die Übungsleiter und Sportlehrer, wenn nicht ohnehin ein Spiel schwerpunktmäßig betrieben wird, einmal von ihrem sonstigen Stundenaufbau abweichen und als besonderes Programm eines der Spiele aus der Kategorie A in den Vordergrund stellen würden.

Das wäre zwar auch etwas außergewöhnlich, doch noch keine „besondere Gelegenheit", wie sie für dieses Kapitel angedacht war.

Von wie vielen Weihnachtsfeiern, Seniorenkaffees und sonstigen Veranstaltungen liest man immer in der Zeitung? Selten oder nie dagegen von „Spielfesten der älteren Generation", von „Spielwochenenden für Ältere" oder von einem „Spiel-Circuit für Menschen in der zweiten Lebenshälfte". Natürlich würden ausführliche Beschreibungen den Rahmen dieses Buches sprengen, doch vielleicht geben die folgenden drei Beispiele Anregungen, sich selbst und/ oder mit den Älteren zusammen einmal Gedanken zu machen, irgendwann eine solche Veranstaltung zu planen. Die Mühe lohnt sich! Immer wieder ist man erstaunt, wie viele Ideen von den Teilnehmenden kommen und das gemeinsame Vorbereiten macht natürlich genauso viel Spaß wie das Erleben.

F 1. Einhundert-Fragen-Spiel

Das Spiel ist in der nachfolgenden Version für eine ca. zweistündige Veranstaltung im Freien beschrieben.

Materialien: 100 Karteikarten, Kopiermöglichkeit, ca. sechs Blatt Papier pro Gruppe und je nach Aufgabenstellungen entsprechende Kleingeräte. Pro Spielbetreuer einen Bleistift und einen großen Schaumstoffwürfel oder wenn dieser nicht vorhanden ist, ganz normale Spielwürfel. Eventuell zum Kennzeichnen der Mannschaften Parteibänder, Krepppapier o.ä.

Teilnehmerzahl: Beliebig.

Spielort: Im Freien, mit Baumbestand oder mit Einbeziehung von Gebäudewänden o.ä.
In der Halle, ebenerdigem Gemeindehaus o.ä. auch spielbar, dann allerdings besser zu verkürzen auf 25- oder 50-Fragen-Spiel.

Spielbeschreibung:

Das Spiel besteht aus 100 Aufgaben bzw. Fragen, die auf mit Nummern versehenen Karteikarten geschrieben werden und im Gelände ganz durcheinander (an Hauswänden, an Sträuchern oder Bäumen), aufgehängt werden.

Hat man das Spiel erst einmal mit Erfolg durchgeführt, so kann man wie in Abb. S. 139 zu sehen ist, die Fragen/Aufgaben anschließend auf Rollen kleben, so hat man weniger Probleme mit dem Aufhängen. Bei Einsätzen in unterschiedlichen Gruppen Älterer brauchen nur situations-/geländebedingt immer einige Aufgaben/Fragen erneuert zu werden.

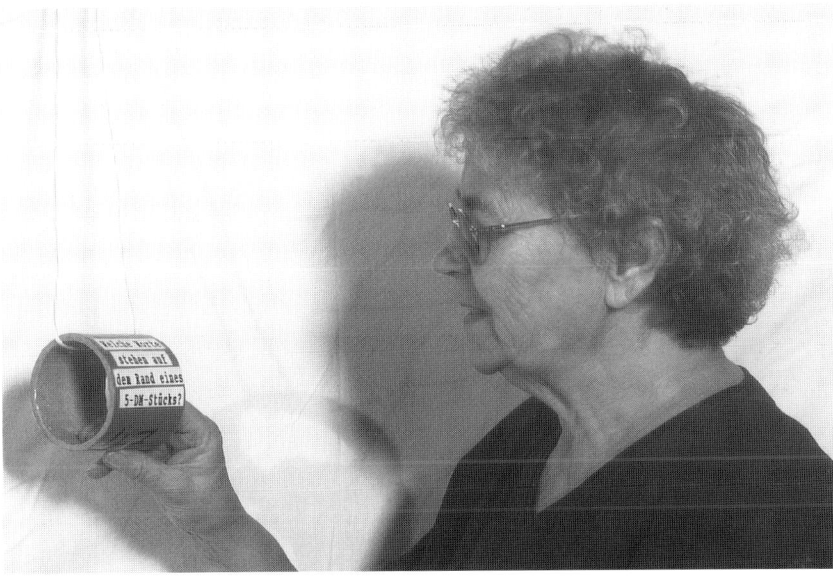

Zu Beginn werden Mannschaften mit 4-6 Teilnehmern gebildet, die sich je nachdem, ob die Gruppe Lust dazu hat, zur äußeren Unterscheidung mit buntem Krepppapier schmücken oder die sich einen Phantasie-Mannschaftsnamen ausdenken.

Jede Mannschaft hat einen Betreuer, der die Spielregeln im Detail bespricht, auf Rückfragen eingeht und die richtigen Lösungen kontrolliert.

Das Spiel soll die Kondition schulen, das Gemeinschaftsgefühl stärken, teilweise die Kreativität oder geistige Beweglichkeit anregen und natürlich „Spaß machen".

Bei Spielstart hat jede Mannschaft einen Würfel, und alle Mannschaften fangen gemeinsam an zu würfeln.

Beispiel: Mannschaft X würfelt eine 3.

- Sie muss nun die Frage 3 suchen, d.h. die Gruppe trennt sich und jeder Teilnehmer geht/läuft durch das Gelände, um den Zettel mit der jeweiligen Zahl zu finden.

Wichtig: Die Zettel mit den Fragen müssen hängen bleiben!
- Wurde die zu suchende Zahl gefunden, treffen sich alle Gruppenmitglieder wieder.

Wichtig: Jetzt wird die Frage oder Aufgabe von demjenigen, der den Zettel mit der Zahl gefunden hat, der Gruppe vorgetragen, damit alle immer das Spiel – trotz des Umherrennens/-gehens - mit verfolgen können.
- Erst dann kann gemeinsam die Lösung erbracht werden.
- Ist die Frage richtig beantwortet, würfelt die Mannschaft ein nächstes Mal (z.B. eine 4).
- Die beiden Augenzahlen werden jetzt addiert: Bei dem vorgenannten Beispiel ist das: 3 + 4 = 7.
- Also muss nun der Zettel mit der Nummer 7 gesucht und beantwortet werden.
- Kann eine Mannschaft eine Aufgabe nicht lösen bzw. wurde die falsche Antwort erbracht, muss noch einmal gewürfelt werden und die Gruppe hat um die dabei gewürfelten Augen zurückzulaufen.
- Bei jeder Mannschaft wird so lange addiert, bis die Frage 100 erreicht wird.

Spielvorbereitung:

Die Fragen/Aufgaben schreibt man am besten mit der Maschine oder mit dem PC und macht eine Kopie mehr als Mannschaften mitspielen. Von der überzähligen Ausfertigung schneidet man die Fragen aus und klebt sie auf die Karteikärtchen oder (wie auf Abb. S. 139 zu sehen ist) auf entsprechende Rollen. Sind weder Schreibmaschine noch PC verfügbar, geht es auch handschriftlich mit Durchschlägen.

Jeder Spielbetreuer bekommt eine Liste mit den Aufgaben, von der man günstigerweise den rechten Rand umschlägt und die Lösungen, falls man nicht alle im Kopf hat, darauf notiert. Letzteres nur für den Fall, dass die Lösungen von einzelnen Mitspielenden vielleicht vorher gesehen werden könnten.

Beispiele von Aufgaben/Fragen:

1. Was bedeutet das Kfz-Kennzeichen....?
2. Die Gruppe wird gebeten, eine Modenschau darzustellen!
3. Welchen Beinamen trug Bismarck?
4. Erzählen Sie Ihrem Betreuer einen guten Witz!
5. Wie viele Zähne hat ein Erwachsener?
6. Fertigen Sie bitte gemeinsam eine Zeichnung an, auf der ein Denkmal, eine Rose und eine Frau zu sehen sind!
7. Wann ist meistens Frühlings- und Sommeranfang?
8. Singen Sie dem Schiedsrichter (je nachdem, in welcher Jahreszeit Sie das Spiel durchführen) ein entsprechendes Lied vor!
9. Nennen Sie bitte fünf deutsche Wasservögel!
10. Wie hießen die Mitglieder der Beatles?
11. In welchem Jahr ist Adenauer gestorben?
12. Denken Sie sich vier Wörter aus, die vor- und rückwärts gelesen einen Sinn ergeben!
13. Nennen Sie alle Primzahlen unter 50!
14. Auf welchen Wochentag fällt Heiligabend in diesem Jahr?
15. Bilden Sie ein Gedicht aus vier Zeilen!
16. Welche Schmiedewerkzeuge trägt jeder mit sich?
17. Zählen sie alle Bundesländer in der richtigen alphabetischen Reihenfolge auf!
18. Welche Person ist auf dem gültigen 10-Mark-Schein abgebildet?
19. Wie viele Einwohner hat die Bundesrepublik Deutschland?
20. Nennen Sie zehn Vornamen, die mit dem Buchstaben „M" beginnen!
21. Lösen Sie auch Aufgabe 30!
22. Was ist der Unterschied zwischen Marmelade, Konfitüre und Gelee?
23. Nennen Sie zwei Buchtitel von Hemingway!
24. Welche Worte stehen auf dem Rand eines 2-DM-Stücks?
25. Jeder der Gruppe stellt bitte eine Sportart pantomimisch dar. Es kann gleichzeitig vorgezeigt werden, doch darf jede Sportart nur einmal darin vorkommen!

Zur kleinen Erleichterung sind diese 25 Aufgaben vorgegeben. Sie werden sehen, die anderen 75 sind, vor allem wenn Sie zu mehreren das Spiel vorbereiten, schnell dazugefunden.

F 2. JEKAMI-Wettbewerb (Jeder kann mitmachen)

Als Einzelner irgendwo mitzumachen, fällt selbst Kindern und Jugendlichen schwer. Noch schwerer ist es, Ältere in eine für sie fremde Situation zu bringen, daher kann der nachfolgende Vierkampf zwar völlig offen ausgeschrieben werden, doch man startet auch hier wie bei dem vorhergehenden Spiel immer in Gruppen zu acht Teilnehmenden.

Wenn sich z.B. 16 Gruppen à acht Teilnehmer finden würden, könnten 128 Personen zur gleichen Zeit aktiv werden. D.h. es gibt für jede Station, an der als Gruppe Punkte erreicht werden können, immer vier parallele Möglichkeiten. Sinnvoll ist es, diese vier nebeneinander anzuordnen mit Ausnahme der Wörterpantomime, die am günstigsten weit verteilt sein sollte, damit die Auflösung, im Eifer des Spielens, nicht schon von einer anderen Gruppe gehört wird. Sollten weniger Interessenten mitmachen wollen, reduziert man einfach die Übungsgelegenheiten und an den gerade nicht benötigten Stationen bleiben Helfer, die frei üben oder Einzelteile ausprobieren lassen. Auch können so eventuell vorhandene Ängste abgebaut und es kann „sanft" versucht werden, neue Gruppen zu bilden, die dann einfach zu einem späteren Zeitpunkt mit ihrem Wettbewerb beginnen.

Pro Gruppe genügt ein Helfer, der den Wettbewerb zuvor noch einmal erklärt, die Zeiten stoppt bzw. die Punkte zählt und für seine Gruppe eine nächste Station sucht, die frei ist, da es angenehmer ist, keine feste Reihenfolge festzulegen.

Im Wettbewerb sind Punkte an folgenden vier Stationen zu sammeln:

- Puzzlestaffel
- Mülltütenschleuder
- Wörterpantomime
- Wurfscrabble

Bei der „Mülltütenschleuder" wird die Zeit gestoppt, wie lange es dauert, bis die gesamte Mannschaft zweimal durch ist.

Bei der Puzzlestaffel gilt die Zeit vom Augenblick des ersten Starters bis zu dem Moment, wenn die Mannschaft das letzte Teil „untergebracht" hat.

Die beiden ersten Stationen sind den Spielbeschreibungen zu entnehmen: E 3 und E 19. Die beiden anderen sehen folgendermaßen aus:

F 3. Wörterpantomime

Materialien: Acht Stühle pro Station oder andere bequeme Sitzgelegenheiten, eine Schachtel mit 16 Zetteln, ein leerer Karton. Die Zettel wurden vorher mit je einem zusammengesetzten Hauptwort beschriftet. Erforderlich ist zusätzlich eine Stoppuhr oder andere Uhr mit Sekundenzeiger.

Spielbeschreibung:

Alle Mitspielenden sitzen in einem Halbkreis. An der offenen Seite stehen Schachtel und Karton nebeneinander. Beim Start des Spieles und gleichzeitigem Stoppen der Zeit zieht der erste Teilnehmer einen Zettel aus der Schachtel, legt ihn in den leeren Karton und versucht, das gerade gezogene Wort pantomimisch darzustellen, sodass die Sitzenden es möglichst schnell erraten können. Als Nächster kommt nicht derjenige dran, der es geraten hat, sondern der Nächste des Stuhlhalbkreises. Insgesamt haben sich zwei Durchgänge bewährt, weil in der ersten Runde einige oft Hemmungen haben, oder man hat beim ersten Mal beim Ziehen des Wortes Pech gehabt und hat nun Gelegenheit, sich zu verbessern. Die Zeit gilt vom Ziehen des ersten Zettels bis zum Lösungswort in der zweiten Runde.

F 4. Wurfscrabble

Materialien: Ein Baum, Ständer oder eine andere Vorrichtung, um etwas aufzuhängen, ein Gymnastikreifen und Bindfaden oder ein Band, um ihn aufzuhängen sowie drei Bohnensäckchen. Eine Schachtel mit 24 Scrabbleteilen eines Spieles oder eine entsprechende Anzahl selbst angefertigter Pappvierecke mit aufgemalten Buchstaben unterschiedlicher Werte, z.B. L = 2 Punkte, E = 1 Punkt, Q = 4 Punkte. Pro Mannschaft ein Blatt Papier und einen Bleistift, um die Wörter aufschreiben zu können.

Spielbeschreibung:

Der Reifen wird in einen Baum o.ä. gehängt und in etwa 10 m Entfernung eine Markierung angebracht, die von den Teilnehmern nicht übertreten werden darf. Jeder versucht dreimal, mit einem Bohnensäckchen durch den Reifen zu treffen. Bei jedem erfolgreichen Wurf darf ein Scrabbleteilchen für die Gruppe gezogen werden. Die Gruppe hat fünf Minuten Zeit, um zwei Durchgänge zu absolvieren. Gewertet wird nicht die zeitschnellste Gruppe, es kommt vielmehr darauf an, in der vorgegebenen Zeit möglichst viele Punkte (= gebildete Wörter) zu erzielen. Bei 100%igem Wurferfolg stehen demnach 24 Scrabbleteilchen zur Verfügung. Alle acht Spieler können innerhalb der Spielzeit mit den jeweils „erworfenen" Buchstaben beliebig viele Wörter bilden.

Die Gesamtwertung des JEKAMI ist schnell errechnet. Egal, ob es auf die Zeit oder die Punkte ankommt, an jeder Station werden Punkte vergeben. Wenn z.B. sechs Mannschaften teilnehmen, so erhält die jeweils schnellste bzw. erfolgreichste Gruppe an den ersten drei Stationen je fünf Punkte, dann absteigend bis zur vorletzten Gruppe immer einen Punkt weniger. Die letzte Gruppe geht immer leer aus. Die beim Wurfscrabble aus den gebildeten Wörtern erzielte Punktzahl wird gleichermaßen mit fünf bis einem Wertungspunkt angerechnet.

Man braucht nicht viel Phantasie, um mit ein paar Abänderungen diesen JEKAMI-Wettbewerb auch in einer größeren Turnhalle oder anderen Räumlichkeiten durchführen zu können.

F 5. Jux-Circuit

Bei diesem Spieletest starten immer vier Teilnehmer gemeinsam, zwei, die spielen und die anderen beiden, die zählen. Gewechselt wird zwischen „aktiv" und „passiv" bei jeder Station, sodass nach zwei Durchgängen jedes Gruppenmitglied jede Station einmal aktiv durchlaufen hat. Die Belastungszeit beträgt immer 90 Sekunden, 30 Sekunden sind für das Aufschreiben der Punkte und den Wechsel zur nächsten Station vorgesehen. Ähnlich wie bei dem vorher beschriebenen Vierkampf gibt es auch hier wieder unterschiedliche Stationen, an denen in der angegebenen Zeit möglichst viele Punkte erzielt werden sollen.

Das Standardprogramm besteht aus:

- Bratpfannentennis
- Küchensiebtennis
- Bechertennis
- Wandball

Zu diesen vier Stationen kann man aus der Gruppe der tennisähnlichen Spiele (B 28-B 33), Kreisprellball (C 6) oder auch noch ganz andere Stationen dazunehmen.

Den gesamten Spieldurchgang sollte man vor den „Zählrunden" einmal ohne Wertung praktisch durchführen. Jede Mannschaft soll danach einschätzen, an welcher Station sie die meisten Punkte erzielen wird. Hier setzt sie den Joker, der dann die doppelte Punktzahl ergibt.

Für jeden Teilnehmer wird vor Beginn des Circuits eine Karteikarte vorbereitet, auf der in einem Leerraster alle Stationen aufgeführt sind. Hier tragen die jeweils „spielfreien" Gruppenmitglieder die erreichten Punkte inklusive der Jokerverdopplung ein.

F 6. Bratpfannentennis

Materialien: Zwei nicht zu schwere Bratpfannen, ein fester Schaumstofftennisball, zwei Markierungen im Abstand von 5 m und ein Joker. Letzterer kann entweder von jedem Paar vorher gebastelt werden, oder man nimmt Gymnastikkeulen als Joker.

Spielbeschreibung:

Die Markierungen dürfen nicht übertreten werden. Auch wenn die Partner sich gegenüberstehen, so spielen sie doch nicht gegen-, sondern miteinander. D.h. sie müssen versuchen, sich in der vorgegebenen Zeit möglichst oft zuzuspielen. Es gilt jeweils nur als Punkt, wenn der Ballwechsel ohne Bodenkontakt passiert. Fällt oder springt ein Ball zu Boden, muss wieder ab „eins" gezählt werden.

F 7. Küchensiebtennis

Materialien: Zwei Küchensiebe und zwei große Flumis, ein Joker.

Spielbeschreibung:

Die Partner stehen sich wiederum im Abstand von 5 m gegenüber und versuchen, in den zur Verfügung stehenden 90 Sekunden dadurch möglichst viele Punkte zu erzielen, dass sie zeitgleich ihren Flumi mit dem Sieb zum Partner werfen und den vom Partner kommenden fangen. Der Ball darf nur einmal den Boden berühren. Als Punkt kann nur gewertet werden, wenn beide Partner den entgegenkommenden Flumi gefangen haben. Alle Punkte werden zusammengezählt, d.h. bei dieser Station kann es zwischendurch ein oder mehrere Male keinen Punkt gegeben haben, trotzdem muss nicht wieder, wie beim Bratpfannentennis, bei „eins" angefangen werden. Auch hier wie bei den folgenden Spielformen, muss wieder überlegt werden, wann der Joker gesetzt wird.

F 8. Bechertennis

Materialien: Zwei Joghurtbecher, einen Tischtennisball, einen Joker.

Spielbeschreibung:

Die beiden Partner stehen sich gegenüber und spielen sich mit dem Becher den Ball zu. Jeder mit dem Becher aufgefangene Ball zählt als Punkt. Wird die Serie durch einen Bodenkontakt unterbrochen, muss wie beim Bratpfannentennis erneut zu zählen begonnen werden.

F 9. Wandball

Materialien: Zwei Schaumstofftennisbälle oder Tennisbälle und entsprechende Schläger oder Alternativen, eine Wand, einen Joker.

Spielbeschreibung:

An die Wand werden zwei waagerechte Linien, etwa tennisnetzhoch und 1,50 m darüber, aufgezeichnet oder aufgeklebt. Die beiden Partner stehen hinter einer Markierung, ca. 2 m von der Wand entfernt. Der Ball muss abwechselnd gegen die Wand gespielt werden, darf vor dem Zurückspielen einmal den Boden berühren. Gezählt wird wie beim Bratpfannentennis.

G. Tips für die Vermittlung von Spielen

„Freude" kann nicht nur das eigene Spielen machen, „Freude" kann auch ganz besonders dabei empfunden werden, durch die Vermittlung von Spielen den manchmal nicht ganz leichten Alltag seiner Mitmenschen etwas aufzuheitern.

In einer Zeit, die geprägt ist von Kontaktarmut, Konkurrenzdenken und Kampf um Anerkennung scheint gerade das gemeinsame Erleben von Bewegung, Spaß, Begeisterung, aber auch Konzentration, Belastung und Entspannung durch das Spiel, wenn auch nur vorübergehend, einen besonderen Platz einzunehmen.

Die Wirkung der Spiele ist sehr stark von den Fähigkeiten des Spielleiters abhängig. Hilfreich ist es natürlich, wenn es jemand versteht, Gruppenprozesse differenziert wahrzunehmen, darüber zu reflektieren und zu reagieren. Aber auch sonst gibt es einige praktische Hinweise für diejenigen, die vielleicht noch nicht ganz so viel Erfahrungen bei der Vermittlung von Bewegungsspielen haben wie vielleicht andere.

Die Spielatmosphäre: So ist es z.B. gerade beim Spielen mit Älteren ganz wichtig, vor dem Spielen die Gruppenstruktur und Zusammensetzung der Gruppe zu analysieren. Besonders die Stimmung und Motivation an dem Tag, an dem eines der vorher beschriebenen Spiele gespielt werden soll, kann erheblich schwanken.

Der Spieleinstieg: Hier gilt der Grundsatz, je größer die Gruppe, desto größer ist die Gefahr, dass die ausgewählten Spiele nicht allen Teilnehmenden gefallen. Günstigerweise beginnt man mit einem sogenannten „Eisbrecher", einem Spiel, von dem man weiß, dass es ankommt und führt erst danach das Spiel ein, von dem man nicht genau weiß, ob es der betreffenden Gruppe gefällt.

Spielstörungen: Plötzlich bemerkt man, dass sich die Atmung eines Teilnehmers beschleunigt, dass die Koordination gestört zu sein scheint, dass sich seine Mimik verändert, und dass er vielleicht das Spielfeld verlässt. Wenn der Spielleiter sich davon überzeugt hat, dass es keine körperliche Überforderung sein kann, müssen andere Gründe in Betracht gezogen werden. Manchmal sind es Kleinigkeiten, die man bei der Spielvermittlung eventuell nicht mitbedacht hat, oder aber es kann „Angst“ sein. So mancher hat z.B. Angst vor Berührungen, Angst vor Körperkontakt, Angst, sich zu blamieren, nicht mithalten zu können. Weitere Gründe für Spielstörungen können sein, wenn zu hohe oder zu niedrige Anforderungen an die körperliche Leistungsfähigkeit oder an die spieltechnischen Fertigkeiten der Gruppe gestellt werden. Hierdurch kann es zu Unmutsäußerungen oder gar zum Rückzug einzelner Spieler kommen. Sicherlich nicht unbekannt ist, dass eine zu starke Betonung des Konkurrenzprinzips und zu starre Mannschaftszuordnungen eher Aggressionen auslösen, als wenn man die Bildung von Gruppen (siehe unten) durch bestimmte Aufgabenstellungen eher dem Zufall überlässt und durch immer neue Zusammensetzungen zugleich auch die Spannung erhöht wird.

Störend wirkt sich auch immer ein „Mogeln“, die „Unehrlichkeit“ beim Übertreten einer Linie oder aber übertrieben egoistisches und dominantes Verhalten einzelner Spieler aus. Besonders durch die letztgenannte Störung werden schwächere und zurückhaltende Spieler in ihrer Entfaltung eingeschränkt.

Die Spielleitung: Bei den Bewegungsspielen sind, mit Ausnahme der im Kapitel A genannten Spiele, nur geringe Regeln festgelegt. Die Erfahrung hat gezeigt, dass eigentlich in allen vier Kategorien Älterer die Vermittlung von Spielen und Spielformen zunächst sehr erleichtert wird, wenn diese wenigen Spielregeln klar angesagt werden und, dass darauf geachtet wird, dass sie auch eingehalten werden. Erst ganz allmählich sollten die Mitspielenden erfahren, dass Spielregeln veränderbar sind, ja, dass man sie sich selbst für die Gruppe, für einzelne Mitspieler und für die gesamte Situation auch „zuschneiden“ kann.

Wenn Spielgeräte, Anzahl der Mitspielenden, die Spielzeit und auch die Regeln neu festgelegt werden, muss man sich anpassen, muss man flexibler sein. Dieses soll angeblich im Alter schwieriger sein, doch die Gruppen, aus denen die Autorin ihre Erfahrungen ableitet, bewiesen das Gegenteil. So manches Mal kamen Anregungen für Regelveränderungen und „Verfremdung“ der Spiele aus der jeweiligen Gruppe.

Hinweise zu Paar- oder Gruppenfindung

Erinnern sich nicht viele Menschen noch daran, als sie für irgendein Mannschaftsspiel irgendwann einmal „gewählt" wurden? Hauptsächlich denen, die im Sport oft ohnehin schon Misserfolgserlebnisse hatten, wird solch eine „Aussortierung" nach „gut" und „schlecht" wahrscheinlich zeitlebens im Gedächtnis bleiben. Dabei gibt es so herrliche kleine Möglichkeiten, denn das „Sich-selbst-für-einen-Partner-entscheiden" ist zwar sehr demokratisch, dauert aber erstens oft zu lange und hat zweitens den Nachteil, dass auch hier wieder einige übrig bleiben könnten, mit denen man nicht so gerne spielt. Wie wäre es einmal mit folgenden Auswahlkriterien:

a) Es werden Spielkarten verteilt und man sagt bestimmte Formationen daraus an.
b) Gleicher Geburtsmonat.
c) Gleiche Schuhmarke oder -größe.
d) Gleiche Anfangsbuchstaben des Vornamens.
e) Gerade oder ungerade Geburtsjahreszahlen.
f) Anzahl der Enkelkinder usw.?

Neben diesen vorgenannten Aufgaben, die schnell zu lösen sind, Spaß machen und der zusätzlichen Kontaktaufnahme dienen, gibt es auch viele Spiele, durch die man gleich die für das nächste Spiel/die nächste Staffel benötigte Teilnehmerzahl „zusammenspielt".

Selbstverständlich kann mit den vorgenannten Punkten kein Anspruch auf Vollständigkeit erhoben werden. Es sollten lediglich kleine Hinweise sein. Hoffentlich können die Tips, wie auch die beschriebenen Spiele dazu beitragen, dass diejenigen, die für die Bewegungsangebote der Gruppe „50 Plus" verantwortlich sind, in ihre Stundenplanung immer einige Spiele mit hineinnehmen, um damit den ihnen anvertrauten Älteren noch mehr Spaß am Spielen zu vermitteln und bei anderen, die nie Spaß am Spielen hatten, die Freude daran zu wecken.

Alphabetisches Spieleverzeichnis

Literaturverzeichnis

ALLMER/TOKARSKI u.a.: Strukturelle Merkmale von Angeboten, Bundesinstitut für Sportwissenschft, Band II, Sport und Buch Strauß, Köln 1996.

BAUMANN/LEYE (Hrsg.): Bewegung und Sport mit älteren Menschen, Sport im Dialog, Band 2, Meyer & Meyer, Aachen 1997.

BÖNSCH, M.: Die Organisation von Turnieren, In: Lehrhilfen für den Sportunterricht, 9/1982, 142.

BRINCKMANN/RÖDER (HRSG.): Freizeitsport mit Senioren, Reinbek 1985.

CICURS/THEGEDER: Aktiv im Alter - 50 Plus, Kursprogramme zur Gesundheitsförderung durch Bewegung, Spiel und Sport, NTB, Melle 1996.

DENK, H.(Hrsg.): Alterssport - Aktuelle Forschungsergebnisse, Beiträge zur Lehre und Forschung, Band 110, Verlag Hofmann, Schorndorf 1996.

DÖBLER, E.u.H.: Kleine Spiele, Volk u.Wissen 12, Berlin 1980.

DÖBLER/SCHNABEL/THIEß: Grundbegriffe der Sportspiele, Sportverlag, Berlin 1989.

DÖBLER, E.u.H.: Kleine Spiele, Berlin 1992.

GEIGER/GRINDLER: Fit und gesund in der 2.Lebenshälfte, Band 2, Verlag Karl Hofmann, Schorndorf 1994.

HOLLMANN/HETTINGER: Sportmedizin - Arbeits-und Trainingsgrundlagen, Schattauer 2, Stuttgart, New York 1980.

ISRAEL, S.: Sport mit Senioren, Hüthig Fachverlage, Heidelberg 1995.

KAPUSTIN, P.: Programm eines Spielfestes
In: Schriftenreihe des DSB, Bd.....: Das Spiel im Freizeitsport, Frankfurt a.M. 1978.

KOLB,M. : Spiele für den Herz- und Alterssport, Meyer & Meyer, 2. Auflage, Aachen 1995.

KREISS, F.: Spiele für Ältere
In: Sport und Spiel für Ältere, Schriftenreihe Breitensport des DSB, Bd.15, Frankfurt 1974/75.

LAGERSTROM,D.: Grundlagen der Bewegungs- und Sporttherapie bei koronarer Herzkrankheit, Köln 1981.

SCHÖTTLER,B.: Spiele für alle
In: Sport und Spiel für Leute über 60, Schriftenreihe Breitensport des DSB, Bd.22, Frankfurt 1982.

SCHÖTTLER,B.: New Games - Trend oder Bedürfnis?
In: FRANKE,E.(Hrsg.) Sport und Freizeit, rororo 7613, Reinbek 1983.

STEGEMANN, J.: Herz und Kreislauf im Sport
In: HOLLMANN, W.(Hrsg.):Zentrale Themen der Sportmedizin, Springer 2, Berlin-Heidelberg-New York, 1977.

STEMPER/SCHÖTTLER/LAGERSTROM: Fit durch Bewegungsspiele, Sport und Gesundheit, Perimed-Verlag, Erlangen 1983.

Braunlage, Herbst 1997

Sehr geehrte/r Leser/in,

sehr dankbar wäre ich, wenn Sie mir die angegebenen Fragen beantworten und den Abschnitt zusenden würden.

Für Ihre Rückmeldung schon im voraus herzlichen Dank!

gez. Bärbel Schöttler

An
Frau Bärbel Schöttler
Brunnenbachsweg 7
38700 Braunlage/Harz

Absender/in:
Straße:
Wohnort:
Tel.:
Fax:

Ich habe bei dem Spiel:..

hinsichtlich der Motivation O
der Verletzungsgefahr O
der Herzkreislaufbelastung O

nachfolgende gegenteilige Erfahrungen gemacht:.................................
....
....
....

Folgende nicht beschriebenen Spiele oder Abwandlungsmöglichkeiten haben sich beim Einsatz in der Gruppe "50 Plus" bewährt.
....
....
....
....
....
....
....
....
....
....

(Sollte der Platz nicht ausreichen, bitte Rückseite benutzen!)

Hier bitte ausschneiden und an die Autorin senden!

Adressen

DTB-Akademie, Otto-Fleck-Schneise 8,

60528 Frankfurt, T (0 69) 67 80 11 34

Mitglieds- und Landesturnverbände

Badischer Turner-Bund, Geschäftsstelle, Postfach 1405, 76003 Karlsruhe, Stephanienstr. 86, 76133 Karlsruhe, T (07 21) 1 81 50, Fax (07 21) 2 61 76

Bayerischer Turnverband, Geschäftsstelle, Georg-Brauchle-Ring 93, 80992 München, T (0 89) 1 57 02-313 bis 3 23, BLSV-Postfach 50 01 20, 80971 München, Fax (0 89) 1 57 02-317

Berliner Turner-Bund, Geschäftsstelle, Vorarlberger Damm 39, 12157 Berlin, T (0 30) 7 87 94 50, Fax (0 30) 7 88 31 63

Märkischer Turner-Bund Brandenburg, Geschäftsstelle, Zeppelinstr. 114-117, Haus 5, 14471 Potsdam, T (03 31) 90 11 77, Fax (03 31) 90 11 78

Bremer Turnverband, Geschäftsstelle, Violenstr. 27, 28195 Bremen, T (04 21) 32 65 92

Verband für Turnen und Freizeit – Landesorganisation Hamburg, Geschäftsstelle, Schäferkampsallee 1, Haus des Sports, 20357 Hamburg, T (0 40) 41 90 82 37, Fax (0 40) 41 90 82 02

Hessischer Turnverband, Geschäftsstelle, Postfach 15 68, 61105 Bad Vilbel, T (0 61 01) 54 61-0, Fax (0 61 01) 54 61 20

Turnverband Mecklenburg-Vorpommern, Geschäftsstelle, Satower Str. 13, 18059 Rostock, T u. Fax (03 81) 4 00 29 65

Turnverband Mittelrhein, Geschäftsstelle, Haus des Turnens, Rheinau 10, 56075 Koblenz, T (02 61) 13 51 50, Fax (02 61) 1 3 51 59

Niedersächsischer Turner-Bund, Geschäftsstelle, Postfach 44 09, 30044 Hannover, Maschstr. 18, 30169 Hannover, T (05 11) 9 80 97 – 0,

Fax (05 11) 9 80 97 - 12
Pfälzer Turner-Bund, Geschäftsstelle, Am Schlagbaum 5, 67655 Kaiserslautern, T (06 31) 340 34 70, Fax (06 31) 4 28 68

Rheinhessischer Turner-Bund, Geschäftsstelle, Jahnstr. 4, 55124 Mainz, T (0 61 31) 9 41 70, Fax (0 61 31) 94 17 17

Rheinischer Turner-Bund, Geschäftsführer, Geschäftsstelle, Stadion an der Paffrather Straße 133, 51465 Bergisch Gladbach, Postfach 20 07 45, 51437 Bergisch Gladbach, T (0 22 02) 20 03-0, Fax (0 22 02) 20 03-90

Saarländischer Turnbund, Geschäftsstelle, Hermann-Neuberger-Sportschule, Gebäude 54, 66123 Saarbrücken, T (06 81) 3879-226,227,228 u. 229, Fax (06 81) 3879-230

Landesturnverband Sachsen-Anhalt, Geschäftsstelle, Manfred-Stern-Str. 7, 06128 Halle, T (03 45) 1 20 02 16, Fax (03 45) 1 20 02 17

Sächsischer Turnerverband, Geschäftsstelle, Marschnerstr. 29, 04109 Leipzig,T (03 41) 2 16 31 23, 2 16 31 39, 2 16 31 40, Fax (03 41) 2 16 31 39

Schleswig-Holsteinischer Turnverband, Geschäftsstelle, „Haus des Sports", Winterbeker Weg 49, 24114 Kiel, T (04 31) 6 48 61 55,
Fax (04 31) 68 53 06

Schwäbischer Turner-Bund, Geschäftsstelle, Postfach 50 10 29, 70340 Stuttgart, T (07 11) 57 55 60, Fax (07 11) 5 75 56 76

Thüringer Turnverband, Geschäftsstelle, Arndtstr. 5, 99096 Erfurt, T u. Fax (03 61) 3 45 94 49 oder T (03 61) 6 43 43 25

Westfälischer Turner-Bund, Geschäftsstelle, Landesturnschule Oberwerries, 59073 Hamm, T (0 23 88) 3 00 00-0, Fax (0 23 88) 10 74

Akademischer Turnbund, Geschäftsstelle, Sonja Neuwirth, Röntgenstr. 21, 70736 Fellbach, T (07 11) 5 75 56 80, Fax (07 11) 5 75 56 76

Bayerischer Turnspiel-Verband, Geschäftsstelle, Georg-Brauchle-Ring 93, 80992 München, T (0 89) 1 57 02-3 73, Fax (0 89) 1 57 46 41

Zur DTB-Schriftenreihe „Wo Sport Spaß macht“

Seit Anfang 1996 gibt der Deutsche Turner-Bund im Meyer & Meyer Sportverlag die Schriftenreihe „Wo Sport Spaß macht“ heraus. Das Motto ist gleichzeitig Programm, denn allen Büchern dieser Reihe ist gemeinsam, daß sie aktuelle Trends und bewährte Angebote unter neuesten wissenschaftlichen Erkenntnissen flott „'rüberbringen“ sollen.

Mindestens sechs neue Titel sollen jährlich in der Schriftenreihe erscheinen. Kompetent und praxisnah sollen die aktuellen Trends und Entwicklungen im Sport für die Vereinspraxis aufbereitet werden. Die Themenpalette reicht dabei vom bewährten Kinderturnen über alle Formen von Gymnastik und Aerobic sowie Fitneß- und Gesundheitssport für jede Altersstufe bis hin zum Sport mit „50 Plus“.

Mit der Schriftenreihe „Wo Sport Spaß macht“ bietet der DTB als Verband für Turnen und Gymnastik einen weiteren Baustein seiner Dienstleistungen für die Übungsleiterinnen und Übungsleiter in den Vereinen. Die Schriftenreihe stellt eine sinnvolle Ergänzung des bundesweit flächendeckenden Aus- und Fortbildungssystems im DTB und seinen Landesturnverbänden dar.

Weitere Informationen zum aktuellen Programm der Aus- und Fortbildung sind zu erfragen beim zuständigen Landesturnverband sowie zentral in der DTB-Geschäftsstelle, Otto-Fleck-Schneise 8 in 60528 Frankfurt/Main (Tel.: 0 69 / 6 78 01-0).

Der DTB bietet darüber hinaus weitere Materialien für Turnen, Gymnastik und Aerobic an: Musik-Kassetten, Handbücher, Kleingeräte, Sportkleidung etc. Fordern Sie unverbindlich den aktuellen Katalog an bei der DTB-Fördergesellschaft, Otto-Fleck-Schneise 10 a, 60528 Frankfurt (Tel. 0 69 / 67 80 11 38).